挫折しない
プログラミングの
はじめ方

初歩から学ぶ
Python の基礎知識・実践と
Web サイトの制作

はじめに

　本書は、学生や新社会人など、これからプログラミングをはじめたいと考えているの初学者、これまで幾度となくプログラミングに挑戦したが挫折して先に進まなかった方、さらには昔プログラム言語を学んだが、久しぶりに学び直したいという方。

　そんな方たちへ向けた、ベテランプログラマーからの指南書です。

　1章では、現在のプログラム言語のトレンドを紹介。また、プログラミングをはじめるときの心得、基礎知識を身につけ方、手間無しで即プログラミングする方法などを、紹介しています。

2章では、現在もっとも人気があり、かつ初心者でもとっつきやすい「Python」を取り上げ、開発環境の導入から、短いコードを打ち込み、簡単かつ実践的な、短いアプリを作るところまでを解説しています。

　3章では、日頃から誰もがアクセスしている、Webサイトの作り方を解説しています。

　Webサイトの仕組みから、「HTML」「CSS」「JavaScript」など、スクリプトの記述法を解説。1つの簡単なWebサイトを作るところから、広げていきます。

＊

　プログラミングは、手段はどんなものでもいいのです。最初は、見よう見まねで、同じようなもの、コピペでもかまいません。とにかく、「何か作りはじめ、1つを完成させること」です。

　作り上げることは自信につながり、次へのステップになります。

　本書をきっかけに、一人でも多くの方がプログラミングに触れ、楽しく学ぶことができれば、幸いです。

I/O編集部

挫折しない プログラミング の はじめ方
〜初歩から学ぶPythonの基礎知識・実践とWebサイトの制作〜

CONTENTS

第**1**章

プログラミングのはじめ方

本章では、「これからプログラミングをはじめようとしている」「幾度かプログラミングに挑戦したが挫折してしまった」「昔ちょっとかじったが久しぶりにプログラミングを学び直したい方」などを対象に、最新のプログラム言語のトレンド、学習方法、心構えなどを指南します。

スムーズにプログラミングをはじめるために

秘訣は、「少しずつ改良していく」こと

「簡単なプログラミング言語」「すぐに試せるプログラミング環境」が出揃い、昔より、プログラミングをはじめやすくなりました。しかし、それでもやり方を間違えると、挫折することがあります。

*

そこで、プログラミングを学ぼうとしている皆さんに向けて、「こうしたらスムーズにプログラミングができる」というポイントを指南します。

■大澤 文孝

「統合開発環境」ではじめよう

「プログラミング」は、プログラムを書いて、それを実行する行為ですから、こうした一連の操作ができる「ソフト」(開発環境)が必要です。

■プログラムを書く

プログラムを書くには、「エディタ」が必要です。

たとえば、「Visual Studio Code」は、プログラミングの作業でよく使われる人気のエディタです。

■実行する

入力したプログラムを実行するには、各言語に対応したソフトが必要です。

「PHP」「Java」「C言語」など、さまざまなプログラミング言語で書かれたプログラムを実行できるソフトが、それぞれ用意されているので、それを使って実行します。

■初心者には「統合開発環境」がお勧め

　端的に言うと、プログラミングは、このように、「プログラムを入力して実行する」だけの話です。

　ですが、「エディタで入力して実行する」という操作は少し複雑で煩雑なだけでなく、設定を間違えると、「うまく動かない」ということになりがちです。

　せっかくこれからプログラミングをはじめようとしているのに、最初でつまずいてしまうと、もう嫌になってしまいます。

　そこで、このようなことがないように、最初のうちは、「エディタと実行機能が一緒になったもの」、つまり、「プログラムを書いて、何かボタンを押せばすぐに動く」ようなワンパッケージにまとまっているものを使うことをオススメします。

＊

　このようにまとめられたソフトを、「統合開発環境」と言います。

　たとえば、「C#」などの開発では（「Visual Stdio Code」ではなく）「Visual Studio」、「Python」であれば、「Python」に含まれている「IDLE」などが使えます。

＊

　また最近は、自分のパソコンにインストールしなくても、プログラミングできる環境もあります。

　たとえば、Googleが提供している「Colaboratory」（https://colab.research.google.com/）は、ブラウザでアクセスするだけでコードを入力でき、すぐに実行できる「Python」のプログラミング環境です。

　「すぐに入力して実行できる環境」を使うだけで、最初のつまずきを避けられます。

「Hello World」で一連の動きを確認する

プログラミング環境を手に入れたら、最初にやっておくことがあります。それは「Hello World」を入力して実行することです。

画面に「Hello World」と表示するだけのプログラムで、「自分のプログラミング環境が正しく構成されているか」を確かめるためのものです。

＊

最初から、自分のオリジナルのプログラムを入力して、その実行に失敗したら、自分のプログラムが間違っているのか、それとも、プログラミングの環境がおかしいのかの区別が付きません。

だから「Hello World」という、「シンプルで動くことが分かっているプログラム」を最初に入力して確認するのです。

白紙から作れるようになろう

「Hello World」が終わったら、次は、どこに進めばよいのでしょうか。

プログラミングは、"プラモデル"と、とてもよく似ていると、筆者は思っています。

最初は、「ニッパで切って組み立てるだけ」。そのうち、「色を塗る」などのアレンジを始め、最終的には、「自分で造形する」というところまで行き着くことができるからです。

■サンプルをひたすら試そう

最初の段階は、書籍や雑誌、インターネットなどで公開されている、「誰かが作っているプログラム」を入力して、楽しむことから始めましょう。

いわゆる「素のプラモデル」の段階です。

最近では、「ハンズオン」で、さまざまなものを習得する風潮がありますが、それもこの部類に属します。

■意外と悩む、つまずきポイント

こうしたサンプルは、「誰かがすでに作って動かしているもの」ですから、手順どおりにやれば、自分のところでも動くはずです。

しかし、実際は動かないことがあります。たとえば、ライブラリがない場合などです。

そうしたときは、「入門記事」やほかの「類似の記事」などを見て、「作業に抜けがないか」を突き詰めていきます。

■自在にプログラムが書けるようになるには

そのうち、「オリジナルのモノを作りたい」と思うはずです。
プラモデルで言えば、「色を塗る」とか「自分で造形する」というところへのステップ・アップです。

＊

これは私の持論になりますが、プログラムを読めなければ、書けるようにはなりません。

ですから、まずは、サンプルが、どのように動いているのかが、ある程度、分かるようになることを目指してください。

「どのように動いているのか」には、実は、定石がありまして、「どんなプログラムでも、こう書く」という定番の書き方があります。

ですので、1つのプログラムを細かく理解するというよりも、たくさんの類似したプログラムを読んで、「似ているところ」「定番のところ」を身につけるというように、数をこなしていくことをお勧めします。

そのうち、「こういうときは、こういうやり方をすればいいんだ」が見えてきます。

そういうところが見えてきたら、「ちょっとだけ改良」してみましょう。それを繰り返すうちに、だんだんと「作る力」が身に付きます。

少しずつが、つまずかないための鍵

この「少しずつ」というのは、つまずかないための大きなポイントです。

「長いコードを入力して、最後に、いざ実行。エラーが出て、さっぱり分からない」というやり方では、やる気がなくなってしまいます。

実際、プロのプログラマーは、こんなやり方は、絶対しません。

少しずつコードを入力して、少しできたら実行、少しできたら実行を繰り返して、大きなものを作っていきます。
そうすれば、間違いが小さなうちに気づくことができ、ダメージも少ないからです。

プログラミングを楽しく、つまずかないようにする秘訣は、「少しずつ改良をしていくこと」なのです。

プログラミング言語のトレンド

「Github」での成長率から見た2023年のプログラミング言語

「プログラミング言語」にも廃りがあり、急激に流行して定着する
ものもあれば、いつの間にか話題に上らなくなるものもあります。

*

「Github」が毎年発表しているランキングを見ながら、「プログ
ラミング言語」の現在のトレンドを追い掛けます。
これから勉強する方は、最初に学ぶ言語選択の参考にしてくださ
い。

■新井 克人

やっぱり強いメジャー言語

　世界中の開発者が、コードを管理するために使っている「Github」では、毎
年の「プログラミング言語」の「ランキング」を発表しています。

*

　2022年に使われた「言語のランキング」(https://octoverse.github.com/2022/
top-programming-languages) では、「JavaScript」「Python」「Java」がトップ
3でした。

*

　この3つの言語は8年間トップ3の座を守り続けており、その中でも
「JavaScript」は、9年連続トップを堅持しました。

　「Java」は、「コンパイル型言語」としては、同じく首位を連続キープしてい
ます。

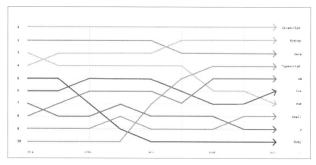

図1-2-1　Github:「2022年に使われた言語ランキング」

　もしあなたが、これからアプリケーション開発者を目指すのであれば、この「トップ3」の言語のどれかから手をつければ、間違いありません。

　「文献」も「サンプルコード」も大量にあるので、学習で困ることはないでしょう。

＊

　でももし、そんな誰でもできる言語ではなく、もっと最新の流行を追い掛けたいという人は、同じく「Github」が発表している「成長率ランキング」を見るといいです。

注目のプログラミング言語

　こちらのランキングでは、2022年に「Github」への登録率が伸びた言語が分かります。

```
GROWTH IN PROGRAMMING LANGUAGES 2021-2022

01 HCL                              56.1%

02 Rust                             50.5%

03 TypeScript                       37.8%

04 Lua                              34.2%

05 Go                              28.3%

06 Shell                            27.7%

07 Makefile                         23.7%

08 C                               23.5%

09 Kotlin                           22.9%

10 Python                           22.5%
```

図1-2-2　Github:2022年の成長率ランキング

2022年の成長率ランキングでは、トップに「HCL」という「Infrastructure as Code」(IaC)用の言語が突然躍り出て来た点が面白いですね。

このランキングの「トップ5」を順番に観ていきます。

■HCL

HashiCorp社の「Terraform」という「IaC環境」を実現するツールで使われる言語です。

近年の「IaC」への注目度の高まりから、急成長しました。

アプリケーション環境をコード化するツールとしては「Docker」が有名で、「Kubernetes」とともに発展してきました。システム基盤環境も、同様に、「コード化」していく流れは「Terraform」を中心に今年も進んでいくでしょう。

システム「構築/運用」を仕事にする方は勉強して損はない技術であり、言語ですが、「これからプログラミングを始める」という方は、間違いなく別の言語から勉強を始めるべきです。

■TypeScript

マイクロソフトによって開発された、「JavaScript」の欠点を改善しながら、「JavaScript」と互換性をもたせたプログラミング言語です。

＊

「スクリプト言語」ではあるのですが、コンパイルすると「JavaScript」に変換されて実行されます。

そのため、ライブラリも「JavaScript」のものを使えるという特徴があります。

変数の扱いなどが厳しく、複数人で開発を行なう場合でもエラーが出にくいように設計されているため、2017年にはGoogleが社内の標準開発言語に採用するなど、大規模開発でも使用される機会が増えてきています。

＊

ランキングからも分かるように、ここ数年継続して利用者が増えている言語なので、もし、「JavaScript」を未だ勉強していないのであれば、先に「TypeScript」から勉強を始めてもよいでしょう。

■Rust

　Mozzilaが支援するオープンソースで開発されており、Microsoftが「Windowsの開発」に、Googleが「Android OSの開発」に使うことをそれぞれ公表したことから、広く知られるようになりました。

　それまで「OS開発」で使われてきたのは、「パフォーマンス」の観点やシステムの低レベルの実装がしやすい点から、「C/C++言語」が中心でした。

　しかしその反面、「C/C++言語」はメモリの管理が困難で、数々のセキュリティ問題を生み出してきたという大きな「欠点」がありました。

＊

　そこで、「Rust」はメモリ管理の難しさを解決しながらも、パフォーマンスは「C/C++」と同等に出せる言語として開発され、OSにまで採用される成果を上げています。

　決して簡単な言語とは言えませんが、もしこれから「C/C++」を学習しようというのであれば、「Rust」を学習してもいいかもしれません。

■Lua

　ブラジルのリオデジャネイロ・カトリカ大学で開発された、「実行速度の速さ」と「軽量さ」が特徴のスクリプト言語です。

　言語自体の歴史は古く、1993年ごろからリリースがあり、メンテナンスも継続してされています。
　とは言え、それほど注目されていない状況が続いていました。

＊

　「Lua」の実行に必要なバイナリのサイズは、「インタープリタ」と「ライブラリ」を合わせても1MB以下となっており、その軽量さと移植の容易さから、「IoT」や「Edge」への組み込み実装に適した言語です。

　IoTなど、応用先が盛り上がるのとともに、ときどき盛り上がりはしますが、

「何か使わなければいけない理由ができた場合に勉強する言語」という位置づけで考えて、問題ありません。

■Go

Googleによって開発されたオープンソースのプログラミング言語で、簡単なスクリプトで書くようなプログラムから、大規模かつパフォーマンスを要求されるプログラムまで、一つの言語で対応できるのが特徴です。

「Python」のように変数の型の扱いが簡単でありながら、安全性が一定確保されていたり、並列処理を簡単に記述できる仕組みなど、機能のバランス感覚が好まれているようです。

*

一度使いはじめるとファンになるプログラマーが多い言語で、「Rust」と方向性の違う最近の言語として一定の立ち位置を固めています。

もし、Web系のアプリなどを中心に開発するのであれば、Goを第一の言語として選択してみるのはありでしょう。

*

最近流行りつつある言語は、コードを書いている時点でエラーを検知できたり、これまで煩雑で難しかったメモリの扱いなどを考えなくていい、初心者に優しい機能を備えています。

「プログラミング言語は新しいほうがいい」というわけではないですが、新しい言語は便利なので何か一つ手をつけてもいいと思います。

オフィス製品のスクリプト言語

「Github」のランキングには出てきませんが、トレンドから外せないプログラミング言語に、オフィス製品のスクリプト言語があります。

もし、今まで一つもプログラミング言語を勉強しておらず、本格的なアプリケーション開発の予定がなければ、まずはオフィス製品のスクリプト言語から初めてみるのが簡単です。

これまではMicrosoftのオフィス製品がメジャーどころでしたが、最近では「Google Workspace」を使う学校や企業も増えてきているので、ご自身が所属する組織の環境を確認して勉強を始めてみてもいいです。

＊

これら2大巨頭の特徴をまとめました。

■Office Visual Basic for Applications

マイクロソフトのオフィス製品に標準で組み込まれているスクリプト環境。

本格的なアプリ開発環境として販売されている「Visual Basic」のサブセット版の位置付けです。

オフィス製品の初期からサポートしていたため、文献や過去の資産が多く、勉強を始めやすいという利点があります。

＊

一方で、「Visual Basic」は文法が古く、使う場面も確実に減少しています。

業務で必要でない限り、積極的にこれから勉強するプログラミング言語ではないと言えるでしょう。

＊

過去の資産を生かすために、勉強する必要が出てきたときにトライしましょう。

■Google App Script

Googleが提供しているスクリプト環境。

「Workspace」のオフィススイート以外にも、「BigQuery」のようなデータベースもサポートしているため、Googleのクラウド環境を目一杯使う予定がある人にオススメできます。

＊

個人の場合は無償で使えるので、イニシャルコストがかからず、しかもすべてブラウザ上で動作するため、導入作業が不要です。

文法は、ほぼ「JavaScript」が基本となっているため、手早くスクリプトを学べて応用範囲が広い点でも、手をつけやすい言語と言えます。

もし汎用的に使えるスキルとしてオフィス製品のスクリプト言語を勉強するなら、「Google App Script」をオススメします。

開発環境のトレンド

プログラミングを始めるためには、プログラミング言語ごとに開発環境の準備が必要です。

最後は、「開発環境のトレンド」を説明します。

＊

以前は開発環境を構築するというと、巨大なファイルをいくつもダウンロードし、開発環境がディスクを大量に使い、導入後に環境変数や設定を書き換え……と、環境の準備だけで時間と気力を使い果たしてしまったものです。

もちろん、今もローカルのPC上で開発をするためには、各プログラミング言語の実行環境の導入は必要です。

ところが、エディタを含めたGUIの開発環境については、「Visual Studio Code」（VSCode）がデファクトスタンダードとなったため、「IDE」の設定は容易になりました。

「Python+VSCode」、「JavaScript+VSCode」のように、これまで紹介したプログラミング言語であれば、基本的に「VSCode」の拡張機能が用意されており、簡単に実行・デバッグ環境を、手に入れることができるようになっています。

＊

そして、ここ数年のトレンドとしては、プログラミング言語の実行環境を、「Docker」を活用して、クラウドサービスとして準備する方法が定着しつつあります。

2022年に、「Github Codespace」という、クラウド上の仮想開発環境サービスがリリースされ、ソースコードと一緒に開発環境を「Docker」で定義して保管することで、容易に開発環境を再現できるようになりました。

図1-2-3　「Github Codespace」の画面は「VSCode」とほぼ同じ

そのため、初心者にありがちな、環境によって、実行できないなどのトラブルを解消できるようになっています。

またベースにしている技術が、共通している「VSCode」との親和性も高いため、「VSCode」を使っていれば、簡単に使い始めることができます。

＊

クラウド開発環境は、「AWS」や「GCP」も容易に使えるサービスを出していますので、これからの開発環境はクラウド上に準備するのがスタンダードになっていくでしょう。

プログラミング基礎知識の身につけ方

何のために、どの言語を、どのように学ぶか

プログラミングの学習方法は増えていますが、選択肢が増えたぶん、学習方法を選ぶのは難しいかもしれません。

＊

ここでは「プログラミングの学習」について考えてみます。

■ぼうきち

プログラミングの学習

「プログラミングの学習」は、(A) 学習そのものを目的とするものと、(B) 学習を手段とするものに分かれます。

「企業に就職したい」もしくは「資格を取りたい」といった場合などは、学習が目的であると言えます。

一方で、プログラミングを手段とするものもあります。
コンピュータを使って問題を解くためにはプログラミングが必要になります。
また、電子工作などではマイコンのプログラムを作る必要があるかもしれません。

このような場合には、プログラミング学習が手段となります。

＊

学習の進み方としては、後者のほうが具体的な目的のイメージがあり、モチベーションを高く維持できるので、進みやすくなります。

一方で、前者のようにプログラミングそのもの目的とする場合は、具体的な目的がなく、モチベーションが下がることがあります。

　そのような場合、「プログラミングで何かをする」という目標を立ててみると、モチベーションを上げやすくなるかもしれません。

プログラミングを学ぶ2つの方法

　プログラミングを学ぶには、大きく分けて2つの方法があります。

（A）他人から教わる方法
（B）独学（ひとり）で学ぶ方法

■他人から教えてもらう学習

　高校では「情報Ⅰ」が必修科目になり、プログラミングを学習する機会も増えています。

　この「情報Ⅰ」に関しては、ネット上ではいくつかの批判的な内容を見掛けます。内容が不正確であるという批判です。

　これは、プログラミングを含めた情報技術が難しく、また日進月歩で、時が経つと正解が変わってしまうことがある、ということも影響しているでしょう。

＊

　こういったことからも、プログラミングや情報技術に関する知識は、常に更新が必要であり、他人から教えてもらうだけでは難しいということが分かります。

＊

　他人から教えてもらう学習方法は、「学校の授業」以外にも、「プログラミングスクール」や「オンラインコース」などがあります。
　より実践的なものもあるかもしれません。

　このような「人と接する学習方法」は、「良い先生に出会う」ことがポイントになります。

　良い先生は、「何が問題か」ということを的確に教えてくれるので、問題点の把握ができるようになります。

　プログラミングも「実践」と「座学」は別で、「実践で優秀な人」が「良い先生」とは限りません。

　プログラミングが得意な人が教えるのも上手、とはならないので、合わない場合があることは、留意しましょう。

独学はまず本を読む

独学で学ぶ、あるいは予習する際には、本が必要になります。
プログラミングを学ぶ際に、入門書が力になります。

　書店の工学書のコーナーには、プログラミングに関する本が数多く出ていますが、プログラミング言語には流行があるので、どんどん内容が古くなっていきます。

　また、世間一般で評判が良い本であっても、自分に合わなければ意味がありません。

　いくつかの本を立ち読みしたり、図書館で読んでみるのもいいと思います。
そして、自分の学習方針に合うものを購入するといいでしょう。

言語の選択

何の言語を学習するかは、特に初学者にとっては重要な選択になります。
＊
　言語にはそれぞれにメリットとデメリットがあり、また、時が経って使われなくなった言語や、良いとされる書き方が変わった言語もあります。

　ですから、「具体的な記述方法」や「ライブラリの使い方」といった特定の言語に依存した方法を覚えるよりは、各言語に共通する概念を覚えたほうがいいでしょう。
＊
　たとえば、「JavaScript」や「C言語」のような、「基本的な構文レベル」で応用

が効く言語があります。

　こういった言語を少し学んでおくと、他の言語も短時間で学習できるように
なります。

＊

　また、初歩のプログラミングでは、「何かを作ること」よりも「エラーと戦う
こと」がメインになります。

　そういったときに、デバッグがしやすい環境であれば、原因を把握しやすく
なります。

　現在では、デバッガが充実している「Visual Studio Community」などが、個
人利用なら無料で利用できます。

図1-3-1　「Visual Studio Community」は、高機能なデバッガを内蔵
　　　　　個人利用の範囲であれば、無料で使える。

＊

　「AIを使いたいのでPythonを覚えたい」というような特定の言語に対する需
要はあるでしょうが、「Python」も標準的な実装は「C言語」で書かれていて、
その拡張モジュールも「C言語」や「C++」で実装できます。

　そのため、これらの言語を学ぶことによって、世界が広がっていきます。

試行錯誤が重要

プログラミングで重要なのは、「試行錯誤」です。

プログラミングは、「不具合への対応」のほうが多く、根気のいる細かい作業の積み重ねになります。

「動作しない」という問題に対して、「少しずつ検証を進めていく」という心をもつことが大切です。
デバッガや何らかのデバッグ手法を用いて、原因となりそうな部分を一つずつ確認していきましょう。

そのような作業の中から、「より効率的な方法」を模索し、知ることになるでしょう。

たとえば、「コードをあらかじめ分離しやすいような書き方をすることで、テストしやすくする」などです。

そして、それは「単体テスト」という実際の開発でも使われている検証手法へとつながります。

検索する

プログラミングを進めていく上で重要になるのは、「検索して調べる」という行為です。

*

まず、「何をしたいか」で調べるのに使います。

たとえば、「画像ファイルの色を変えて表示したい」という場合、そのまま検索することもできますが、ストレートな回答はないことが多いので、「画像の色の変更方法」と、「画像の表示方法」といった機能単位で調べていきます。

また、動かない場合にエラーメッセージを検索して調べることもあります。
よくある特定のエラーであれば、ライブラリの名前やエラーコードなどから

サンプルコードが見つかることもあります。

　このときに「英語の内容を避けない」ようにするのは重要です。
　開発系の情報は英語でやり取りされることが多く、英語を読めるほうが進めやすくなります。

　現在であれば、ブラウザに翻訳機能が搭載されているものもあるので、それを活用すると読めるかもしれません。

　検索サイト側が意図的に英語での情報をフィルタしていることもあります。
そのような場合、適切な情報が出にくいという状況もあります。

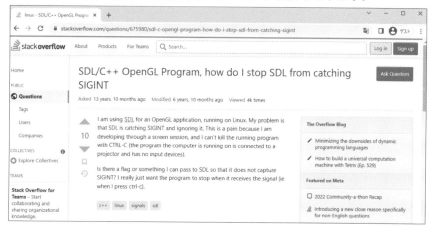

図1-3-2　「stackoverflow」は、海外で有名な質問サイト

実践的な開発との差

　「初歩的なプログラミングの学習」と「実践的な開発」は、手段が大きく異なるかもしれません。
　それは「実践的な開発」では、既存のライブラリを多く使って実装するケースが多いためです。

＊

　たとえば、「ユーザーインターフェイス」はゼロから実装することもありますが、その場合は他のアプリやOSと共通した動作にならないため、ユーザーにとっ

て使いづらいものになることがあります。

また、実装内容が増えることで不具合が生じる割合も増えます。

プログラミングの学習という意味では、こういったゼロからの実装も経験としてあるといいでしょう。

コミュニティを見てみる

「オープンソースプロジェクト」の開発を覗くというのは、プログラミングの学習では悪くない方法です。

*

開発プロジェクトがオープンソースとして開発が進められているものは、コミュニティによって開発が進むことも多くあります。

プロジェクトが「GitHub」を使っていれば、「Issues」という「不具合の報告」や「新しい機能の要望」などを行なう機能があり、ユーザーがどのような意見をもっているのかといった感覚を掴むことができます。

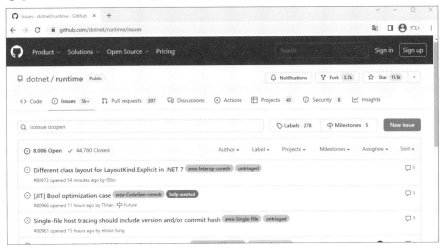

図1-3-3 「GitHub Issues」では開発者が議論を行なっている

ブログを活用する

開発者の中には、積極的に発信している人がいます。

＊

たとえば、ブログのようなものに情報を残していることがあります。

「こうすると動作する」というような手順が書かれていたり、「こうしても動作しなかった」という失敗が書かれていることもあります。

心に余裕がない場合は答を求めがちですが、「うまくいかなかった」という内容であっても、さまざまな学びがあります。

別の情報と組み合わせることで動作する場合があることを知ったり、また、動作に必要な類似する別の手段を見つけることができたりするのです。

最近では開発者がそのような内容を手間が掛からずに共有できるサービスとして、「Qiita」や「Zenn」があります。

これらは開発者向けの情報サイトであり、コミュニティでもあります。

「後で見る」というマークを残したり、「参考になった」というマークを残すこともできるので、アカウントを作っておくといいかもしれません。

図1-3-4　「Qiita」は開発者が気軽に書ける知識共有サービス

プログラミングの適正

今は高校や大学入試で「情報Ⅰ」があるなど、必須になりつつあるプログラミングですが、少し前までは「適性」というのを問われていた印象があります。「向き」「不向き」というものです。

プログラミングに限らず、そのようなことを言う人はたくさんいますが、結局のところ適性は本人にしか分かりません。

*

たとえば、難しい概念であってもすぐに理解できるときもあれば、なにかのきっかけで、ある日突然すんなりと理解できることもあります。

逆に順調に進んでいたところで、突然壁にぶつかることもあります。

すぐに抜け出せることもあれば、長期間うまくいかなくなることもありでしょう。

うまくいかないなど辛い状態が続く場合は、少し離れたほうがいいかもしれません。

プログラミングは作業であり、そのような状態では感じる苦痛が増えます。

*

一方で、プログラミングはゲームと同じで、そのゲームが好きなプレイヤーにしか分からない面白さもあります。

これらのことからも、「適性は本人にしか分からない」と言えます。

SNSを活用する

「Twitter」のようなSNSには開発者も多くいて、フォローすることで身近に感じることもできるかもしれません。

内容もブログなどと同じく、ヒントになることを書いている人は多くいます。

開発者と直接やり取りできる場所でもあるので、うまくいくと重要な情報が得られることがあります。

＊

ただ、こういったSNSの使用は注意が必要な側面があります。

それは発信する内容次第で炎上してしまうということです。

場合によっては、けっこうひどい目に合うかもしれません。

たとえば、特定のソフトウェアやエディタに対してネガティブなことを書くのはあまりいい行動ではありません。

それぞれのユーザーが好きなものがあるためです。

＊

SNSで知ることができる情報として「先人の争い」があります。

これは生きる上では重要な情報になります。

争いが発生するには、何らかのきっかけがあることが多く、「どのように振る舞えば面倒なことに巻き込まれないか」ということを知っておくことは重要です。

AIとプログラミング

少し前に「GitHub Copilot」という技術が注目を浴びました。

これは、「ここでは何をしたいか」というコメントを書くことでAIがコードを書いてくれるというものです。

これは学習に使われたコードがオープンソースなどで、ライセンスの問題がどうなるのかといった議論がありました。

最近では、「ChatGPT」というAIが話題になっています。
これは、自然な文章を生成できるAIですが、プログラムのバグフィックスや最適化、意味を教えてくれるサービスにもなっています。
*
今後はAIを使ったソフトウェア開発やプログラミング学習が増えるかもしれません。

一方で、このようなWebサービスは入力したデータが学習に使われることで、思わぬ情報漏洩につながる可能性もあるので、注意が必要です。

図1-3-5 「ChatGPT」 日本語から「C#」のコードを出力した様子

「開発環境」なしで "即プログラミング"

Webサービスを利用したプログラミング

> 自分でプログラムを作って実行したい場合は、開発環境の準備が必要です。
> しかし、「コード」の作成や、実行するための「環境」作りが、難しいこともあります。
>
> ＊
>
> 手っ取り早く自作のコードを実行したい人向けに、「ブラウザ」だけで「自作コード」を実行できる、「Webサービス」もあります。

■ぼうきち

ブラウザでプログラミング

「開発環境」、とくに「統合開発環境」(IDE)のインストールは、多くのストレージ容量が必要で、時間もかかります。

インストールしても、「少し試して、後は使わない」…ということも少なくありません。

しかし、最近は、「ブラウザ」1つでコードの作成や実行ができる「オンラインサービス」があり、手軽にプログラミングを学んだり、テストしたりできます。

■「ローカル」の開発環境との違い

「オンラインサービス」は、自分でプログラミングしたコードを実行できますが、「ローカル」の開発環境とは異なる部分もあります。

＊

たとえば、「制限」です。

このようなサービスは、「サーバ」上でコードを実行するので、「セキュリティ」の観点から、「ネットワーク」や「システム・ファイル」の操作などはできないように制限されています。

＊

また「操作」も異なります。

ローカルで動作する「エディタ」や「開発環境」は、ブラウザよりも操作性が優れています。

＊

一方で、「オンラインサービス」にしかないメリットもあります。

一つは、複数の言語やバージョンを選択できるサービスがあり、「バージョン選択がしやすい」ことです。

他にも、「共有ボタン」などで入力内容がサーバ上に保存されるので、相手にリンクを教えることで、コードを実行できる状態で共有できます。

「作成したリンク」は、「質問サイトのQ&A」などで使うこともできます。

■注意点

ところで、オンラインサービスを使う場合は、いくつかの点で注意が必要です。

＊

まず、「機密情報や個人情報」を書かないようにしましょう。

このようなオンラインサービスは、コードをサーバに送信して実行するので、一時的な実行であっても、サーバ内に入力内容が残る可能性があります。

そのため、入力する内容は、そのサービスを使っている第三者や管理者に見られてもよい、「無害なもの」にするように心掛けましょう。

＊

次に、「サーバに過大な負荷を掛けない」ようにします。

「オンラインサービス」は、公開されたサーバ上で多くの人が同時に使いますから、実行するコードは、そういう面でも配慮しましょう。

これらのサービスでは、実行時間が長くなるようなプログラムは、サーバの実行時間制限によって強制的に終了することがあります。

＊

　最後に、オンラインサービスは、サービス内容の変更や中断、終了などが、予告なくあることも気にとめておきましょう。

Wandbox

https://wandbox.org/

　「Wandbox」は、「C言語」や「C++」を実行できるサービスです。
　C言語は、「gcc」を、最新を含めた複数のバージョンから選べます。

■CRC32の計算

　「CRC32」は、以前よく使われていたチェックサムの一つです。

　チェックサムは、内容の同一性を比較するもので、その中でも「CRC32」は、シンプルで高速に動作しました。

　しかし今は、ファイル内容のチェックは、より厳密なアルゴリズムが使われています。

　「CRC32」は、確認程度にしか使われていません。

　「CRC32」のサンプルコードはよくあるので、それを参考にしながら、「Wandbox」上で動作するコードを作ります。

＊

　まず、「Wandbox」のコード入力欄に、以下のコードを貼り付けます。

```
#include <stdio.h>
#include <string.h>

typedef unsigned long U32;
typedef unsigned char U8;

U32 crc_table[256];

void make_crc_table() {
  for (int i = 0; i < 256; i++) {
```

```
    U32 c = (U32)i;
    for (int k = 0; k < 8; k++) {
        c = (c & 1) ? 0xedb88320L ^ (c >> 1) : c >> 1;
    }
    crc_table[i] = c;
  }
}

U32 calc_crc32(const U8 *buf, int len) {
  make_crc_table();
  U32 c = 0xffffffffL;
  for (int i = 0; i < len; i++) {
    c = crc_table[(c ^ buf[i]) & 0xff] ^ (c >> 8);
  }
  return c ^ 0xffffffffL;
}

int main(void) {
    const char *msg = "HELLO!";
    make_crc_table();
    U32 crc = calc_crc32((const U8 *)msg, strlen(msg));
    printf("%s %08X¥n", msg, (unsigned int)crc);

    return 0;
}
```

このコードは、「HELLO!」という文字列の「CRC32」の値を求めます。

「Run」ボタンで実行して表示される計算結果は、「HELLO! 51102E2E」となります。

後半の8桁の16進数が、「CRC32」になります。

＊

「CRC32」の計算結果を照合するために、「WSL」のシェルで、次のように入力します。

crc32コマンドをインストール

```
sudo apt install libarchive-zip-perl
```

「-n」は最後の改行を除去

```
echo -n "HELLO!" > hello.txt
```

CRC32を出力

```
crc32 hello.txt
```

「CRC32」コマンドの実行結果は、「51102e2e」となり、一致しました。

JSFiddle

https://jsfiddle.net/

「JSFiddle」は、「HTML」と「CSS」、「JavaScript」を共有できるサービスです。

＊

「Save」で保存すると、URLが「jsfiddle.net/(保存時のID)/(保存回数)/」となり、このURLは共有できる状態になります。

質問サイトの回答などで使えそうです。

■寿司を回転させてみよう

「CSS」によるアニメーション機能を利用して、「寿司の絵文字」を回転させてみます。

「HTML」に、次のコードを入力します。

```
<html>
    <body>
        <div class="outer">
            <p class="sushi">
                🍣
            </p>
        </div>
    </body>
</html>
```

「CSS」に、次のコードを入力します。

```
div.outer {
    width: 300px;
    text-align: center;
}

p.sushi {
    background-color: aqua;
    font-size: 50px;
    animation: 4s linear 0s infinite normal key-sushi;
}

@keyframes key-sushi { from { transform: rotateZ(0deg); }
to { transform: rotateZ(360deg); }  }
```

SQL Fiddle

http://sqlfiddle.com/

「SQL Fiddle」は、データベースシステムで「SQL」を試すことができるオンラインサービスです。

データベースのシステムとして、「MySQL」や、「Oracle」、「PostgreSQL」など、よく使われているソフトウェアを選べます。

■書籍の検索を試してみる

ここでは、架空の書籍を入力して、検索を試してみます。

＊

まずは、「DDL」(データ定義言語)を使ってテーブルを作ります。

このサービスでは、「Text to DDL」という機能で、カンマ区切りのテーブルデータを「DDL」に変換できます。

定義としては、1行目が「カラム名」、2行目以降が「入力値」になります。

＊

準備したテーブルデータは、次のようになりました。

```
name, author, price, date
よくわかるJavaScript入門, 一ノ瀬太郎, 1500,2021/10/15
なっとくMarkdown, 二階堂次郎, 1200,2021/05/15
にわとり大辞典, 三宮三郎, 1900,2021/01/15
スマートフォンのすべて, 四日市四郎, 1800,2021/06/15
月刊楽しいコンピュータ12月号, 楽しいコンピュータ編集部,
980,2021/11/15
```

「book」というテーブル名を付けて、「Append to DDL」を押し、DDLの入力欄にCREATE文とINSERT文を追加します。

ここで、「Build Schema」ボタンを押すと、テーブルが構築されます。

右側の「SQL入力欄」が入力可能状態になり、「SQL」を実行できます。

＊

では、テーブルから、いちばん新しい本を検索してみます。

```
SELECT * FROM book ORDER BY date DESC LIMIT 1;
```

結果は、「月刊楽しいコンピュータ12月号」になりました。

PHP Sandbox

http://sandbox.onlinephpfunctions.com/

「PHP Sandbox」は、「PHP」が実行できる、「オンラインサンドボックス」です。

＊

「PHP」は動的なWebサーバの処理に向いているスクリプト言語で、「HTML」の中でコードを動かすテンプレートのような動作をする言語です。

文字列処理にも向いています。

■日付とタイムスタンプ

「日付の計算」では、「UNIXタイムスタンプ」がよく使われます。

「UNIXタイムスタンプ」は、「協定世界時」(UTC)の「1970年1月1日午前0:00」からの経過秒数です。

「タイムスタンプ」から「日付」に変換するには、「date関数」を使います。

```
echo date("Y-m-d H:i:s",0);
```

結果は、「1969-12-31 16:00:00」となり、このサーバは、「UTC」より8時間遅い、「ローカルタイム」になっています。

＊

次に、「タイムゾーン」を「JST」にセットして、実行します。

```
date_default_timezone_set('Asia/Tokyo');
echo date("Y-m-d H:i:s", 0);
// 結果:1970-01-01 09:00:00
```

ところで、「タイムスタンプ」は「2038年問題」と密接に関わり合いがあります。

「符号付き32bit整数」は、最上位のビットを、「符号」として使っています。

実際の数が格納されている「仮数部」が「31ビット」になり、最大値は「2147483647」です。

この最大値は、「16進数」にすると理解しやすくなります。

```
echo sprintf("%08x", 2147483647);
// 結果:7FFFFFFF
```

この結果を、「echo decbin(0x7FFFFFFF);」で2進数に変換すると、「1」が31個並びます。

この数に「1」を足すと、31個「0」が並び、その左に「1」が現われます。

「最上位ビット」は「符号ビット」なので、「オーバーフロー」します。

この場合は、「-2147483648」になります。

＊

では、オーバーフローする日付を、「日本時間」で表示してみます。

```
date_default_timezone_set('Asia/Tokyo');
echo date("Y-m-d H:i:s", 2147483648);
```

結果は、「2038-01-19 12:14:08」になりました。
およそ16年後になります。

＊

なお、64bit環境上で動作する「PHP」では、「整数の大きさ」は64bitになり、タイムスタンプが過去になってしまう問題は回避されます。

第**2**章

定番!「Python」の使い方

本章では、今のプログラミングのトレンドであり、かつ、とっつきやすい「Python」を取り上げ、「Pythonの魅力」「学習方法」「環境構築」「AIプログラムやビジネスアプリなどの実践的な開発手法」を紹介しています。

なんでもできるPythonの魅力

短いコードで作れる!

「Python」（パイソン）は、小さな「ツール」から「電子工作の制御」、「ビジネス・アプリケーション」まで、さまざまなプログラムが作れる、幅広い言語です。

■大澤 文孝

習得が容易な「Python」

「Python」が人気である大きな理由は、「文法がシンプル」で、「覚えることが少ない」ことです。

これからプログラミングをはじめようという人はともかく、他のプログラミング言語の習得者は、ポイントさえ掴めば、すぐに使えます。

*

たとえば、次のようなところが、他の言語と違うポイントです。

■ ①「インデント」に意味がある

Pythonでは、「インデント」（字下げ）がブロックの構造を示します。

たとえば、「C言語」では、条件文を次のように書きます。

【C言語の例】

```
if (a == 100) {
    printf("abcdef");
}
```

「C言語」のインデントは、人間が見やすくするためだけのものなので、次のようにインデントせずに記述しても動きます。

```
if (a == 100) {printf("abcdef");}
```

　対してPythonでは「{」「}」などの「ブロック」を示す記号がなく、範囲を「イン
デント」で示します。

　そのため、「インデントの位置」が間違っていると、「文法エラー」になること
もあります。

【Pythonの例】

```
if a == 100:
    print("abcdef")
```

■②「ループ処理」のやり方が特殊

　Pythonでは、「ループ処理」をするのに、「リスト(配列)を一つずつ取り出す」
という考え方をします。

　ループの慣用句として、次の構文があります。

```
for i in range(5):
    print(i)
```

　これは「5回繰り返す」という意味ですが、「range(5)」自体は「5回繰り返す」
という意味ではなくて、[0, 1 ,2 , 3, 4]というように、呼び出すたびに「0から5
を超えない連続した数値を返す関数」です。

　「range」の代わりに、

```
for I in [0, 1, 2, 3, 4]:
    print(i)
```

と書いても同じです。

　この構文は、一つずつ取り出すだけなので、

```
for msg in ['one', 'two', 'three']:
    print(msg)
```

のように、文字列のリストに対しても同様の構文で使えます。

■ ③「do〜while」に相当するものや「switch」に相当するものがない

その他、言語文法を極力シンプルにするためか、後ろで条件判定する「do〜while」や、複数の条件で分岐する「switch文」などがありません。

すぐに使える「Python」

Pythonは、開発環境が充実していて、すぐに使えるのも、とっつきやすさの一つです。

■統合開発環境

Pythonをインストールすると、統合開発環境の「IDLE」がインストールされます。

「IDLE」を使うことで、別途、テキストエディタを用意することなく、プログラムの入力から実行までできるため、初心者でもすぐに使いはじめられます（図2-1-1）。

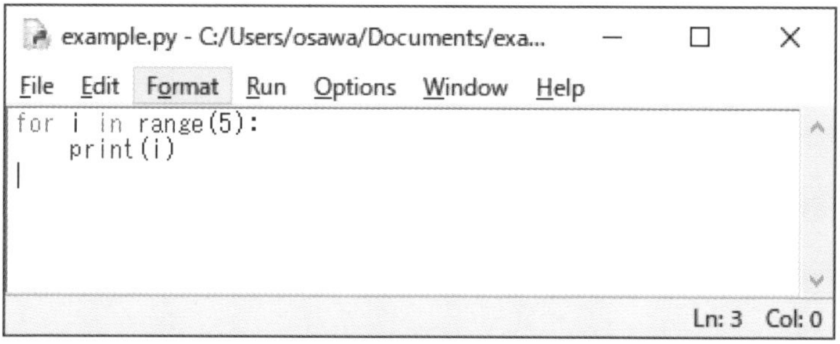

```
example.py - C:/Users/osawa/Documents/exa...    —    □    ×

File  Edit  Format  Run  Options  Window  Help

for i in range(5):
    print(i)
|



                                              Ln: 3  Col: 0
```

図2-1-1　IDLE

■ Jupyter Notebook

そして、もう一つの開発環境として人気を集めているのが、「Jupyter Notebook」です。

「Jupyter Notebook」は、ブラウザ上で実行できるPythonの開発ツールです。「セル」と呼ばれる入力欄にコードを入力すると、1行ずつ実行できます。

昔の「BASIC」のように、「1行1行実行できる」ため、動作が分かりやすく、すぐに好きなプログラムを書けるのが特徴です。

また、「グラフ」や「表」などを描画することもできます。

*

Googleは、この「Jupyter Notebook」をクラウドで提供する「Colaboratory」（https://colab.research.google.com/）というツールを提供しています。

このツールを使えば、自分のパソコンに何もインストールしなくても、すぐにPythonを使い始められます（**図2-1-2**）。

図2-1-2　Colaboratory

豊富なライブラリ

Pythonは、豊富なライブラリがあるのも特徴です。

たとえば、「CSVやExcelの読み書き」「画像処理」「PDF出力」「機械学習」などのライブラリが多数揃っており、短いコードで、実用的なプログラムを作れます。

■「pipコマンド」で簡単にライブラリをインストール

Pythonでは、「pip」というコマンドを使って、「PyPI」(https://pypi.org/) というサイトに登録されている各種ライブラリを、簡単にインストールできます。

たとえば、次のようにすると、Webブラウザを自動操縦する「Selenium」というライブラリと、Chromeブラウザを制御するドライバをインストールできます。

```
pip install selenium
pip install chromedriver-binary-auto
```

■ わずか10行でも実用的なプログラムが書ける

たとえば、**リスト2-1-1**は、今挙げた「Selenium」を使って、「http://www.kohgakusha.co.jp/」を開いて、その画面キャプチャを「kohgakusha.png」というファイルに書き出すものです。

Pythonなら、こうした実用的なプログラムが、10行に満たないコードで書けます。

> ※ここでは説明しませんが、「Selenium」には、ブラウザのボタンやリンクをクリックしたり、テキスト入力したりして自動操縦する機能があります。

また、「tkinter」というライブラリを作ると、「ボタン」や「テキストボックス」などをもつ「GUIアプリ」を作ることもできます。

リスト2-1-2は、「tkinter」を使った「時計アプリ」の例です(**図2-1-3**)。

リスト2-1-1　ブラウザを開いて画面キャプチャをとる例

```python
from selenium import webdriver
import time, chromedriver_binary

driver = webdriver.Chrome()
driver.set_window_size(1024, 768)
driver.get('http://www.kohgakusha.co.jp/')
time.sleep(5)
driver.save_screenshot('kohgakusha.png')
driver.quit()
```

リスト2-1-2　時計アプリの例

```python
def viewtime():
    while True:
        # 現在時刻の取得
        now = datetime.datetime.now()
        # 時刻の文字列
        timestr = "{:02}:{:02}:{:02}".format(
            now.hour, now.minute, now.second)
        # キャンバス消去
        canvas.delete("all")
        # 時刻表示
        canvas.create_text(160, 80, text=timestr,
font=(None,48))

        time.sleep(1)

# キャンバスの作成と表示
canvas = tkinter.Canvas(width = 320, height = 160)
canvas.pack()


# 時刻を刻むスレッドを作成して開始する
t = threading.Thread(target=viewtime, daemon = True)
t.start()

# イベントループする
canvas.mainloop()
```

図2-1-3 「リスト2」の実行結果

「EXEファイル」にして配布できる

Pythonのプログラムを実行するには、「Pythonインタープリタ」(実行環境)が必要です。

つまり、本来なら、作ったプログラムを配布して誰かに実行してもらいたいときは、その人のパソコンにPythonをインストールしてもらわなければなりません。

しかし、Pythonのプログラムは「exe形式」に変換することもできます。

「exe形式」に変換すれば、それ1本を頒布して、実行してもらえば済むので、Python自体をインストールしてもらう必要はありません。

■「PyInstaller」で「exe」化する

Pythonのプログラムを「exeファイル」にするには、「PyInstaller」(https://www.pyinstaller.org/)というソフトを使うのが一般的です。

手 順 「PyInstaller」の使い方

[1]使い方は簡単で、まずは「pipコマンド」でインストールします。

```
pip install pyinstaller
```

[2]そして、変換したいPythonファイルを含むフォルダを「カレントフォルダ」にします。

[3] あとは、次のように「pyinstaller」を実行するだけです。

pyinstaller 変換したいプログラム .py --noconsole --onefile

　「--noconsole」は実行時にコマンドプロンプトを開かないためのもの、「--onefile」は1本の「exe ファイル」にまとめるためのものです。

[4] 実行すると、「dist フォルダ」に、「変換後のexe ファイル」と「必要なライブラリ一式」が出来ます。

＊

　Pythonというと、ちょっとしたツールを作るというイメージがありますが、「exe化」まで考えれば、ビジネスソフトのようなものまで作り込むことができます。

＊

　とにかく短いコードですむのが特徴の「Python」。
ぜひ、さまざまな場面で使ってみてください。

「VSCode」で「Python」を使う

Pythonの「プログラム作成」から「実行」まで

Windows上に、①Pythonの「実行環境」と、②コードエディタとして「Visual Studio Code」をインストールして、簡単なプログラムを書いて実行するまでを説明します。

■清水 美樹

Python環境構築

■「Python」のインストール

●そもそも「Python」て何？

「Python」や「C」などとプログラミング言語の「名前」が呼ばれるとき、意味は2通りあります。

①言語仕様

「出力するには"print"という関数を使いなさい」とか、「条件分岐は"if"で始めなさい」とかいう書き方。

②書いたコードを実行するために必要なソフトウェア

「Pythonをインストール」というのは、②のソフトウェアを指しています。

このソフトウェアについて、もう少し詳しく考えたいと思います。

■「実行環境」とは

●開発環境と実行環境

「開発環境」と「実行環境」という言葉を聞いたことがあるでしょうか。

これは、以下のようなプログラムの作成・実行方法の違いによります。

●プログラムの作成、実行方法

プログラミング言語が違うと、その実行のさせ方も違います。これはほぼ3通りに分かれます。

古い時代の分類名なので今の形態には合わないところもありますが、だいたいこんなところです。

①コンパイル言語

[作成]コードを書いたままのファイル（ソース・ファイル）を、OS上で実行できる形式に変換する。そのためのソフトウェアが開発環境。
[実行]変換後のファイルをダブルクリックしたり、コマンドでファイル名を呼び出すだけ。
[OSによる方法の違い]作成も実行も違う。

②スクリプト言語

[作成]ソースファイルを書けば完成。
[実行]ソースファイルを読んで、OSに実行命令を出すソフトウェア（実行環境）が必要。
[OSによる方法の違い]実行環境が違う。

③中間言語

前二者の中間的な作成、実行方法で、大規模なプログラムをなるべく簡単に作成、実行できるようにする。

●Pythonは「実行環境」

Pythonは「スクリプト言語」ですから、「Pythonをインストール」とは、詳しくは「Pythoの実行環境をインストール」ということになります。

■「環境構築」とは

●「実行環境」さえあればいいのだが

このように、Pythonプログラミングは、最低限「実行環境」さえインストールすれば可能です。

　しかし、プログラミングを便利にするためのソフトウェアの利用や、OSの設定が必要なことがあります。

　通常、それらもすべて含めて、「環境構築」と呼びます。

●ファイルを書くためのソフトウェア

　たとえば、ファイルを書くためのソフトウェア「エディタ」が必要です。

　「ワード」のような文書作成ソフトでは、作ったファイルにプログラムに関係ない書式情報も保存するので、打った文字や記号だけの情報を保持する「テキストエディタ」が必要です。

　Windowsには、付属のテキストエディタ「メモ帳」がありますが、名前のとおりメモ用ですから、長いソースコードの作成には向きません。

●プログラムを実行するためのソフトウェア

　「プログラム」とは、「Python」の場合は「ソースファイル」そのものですが、これを実行するためには、OSに「python」という命令を出します。

　OSに命令を出すためのソフトウェアは、Windowsでは「PowerShell」または「コマンドプロンプト」です。

●プログラムを実行しやくする設定

　OSに出す「python」という命令は、実はインストールした「python.exe」というファイルを呼び出すことです。

　そこで、OSにはこのファイルや関連ファイルの場所（ファイルパス）を登録する必要があります。

　「python.exe」は、さらに実行すべきソースファイルを呼び出しますから、ソースファイルの場所も登録したほうが便利です。

●でも実はほとんどしなくてよい

こうしてみると、「Python」の「環境構築」には手間がかかりそうです。

しかし、「Python」の「インストーラ」がOSに必要な設定までしてくれるし、プログラミング専用のエディタの中で環境が構築されているので、これから行なう作業はごく簡単です。

●「管理者権限」があると簡単

ソフトウェアのインストールには、「管理者権限」が必要という場合が多数です。

Windowsの場合、個人のパソコンでは、その使用者に自動的に管理者権限が与えられているので、このまま進めて問題ありません。

この記事でも、個人のパソコンにインストールする場合を想定して、説明を進めます。

Pythonのインストール

■「Python」のダウンロード

●Python公式ホームページ

「Python」の実行環境は、Pythonの公式ホームページからダウンロードできます。

《Python公式ホームページ》

https://www.python.org/

トップページから、**図2-2-1**のようにすぐにダウンロードのボタンを表示できます。Windowsでの操作であれば、Windows版がすでに選択されています。

図2-2-1 Python公式ページからPythonをダウンロード

●インストーラの操作

図2-2-2のような「インストーラ」(「ファイル名」はそのときの「バージョン」、コンピュータの種類によって異なります)をダブルクリックしてインストーラを起動します。

python-3.1
0.1-amd64

図2-2-2　ダウンロードしたインストーラの一例

■Pythonのインストール設定

●「ファイルパス」の設定

図2-2-3が、Pythonのインストーラの最初の画面です。

図2-2-3の画面では、下のほうにある「Add Python 3.10 to PATH」にチェックを入れるのがオススメです。

前述の、「Python関連ファイルの場所をOSに登録する」設定がコレです。

図2-2-3　「Python 3.10」をPATHに追加

　複数のバージョンのPythonを使いこなす人のために、このチェック・ボックスははじめからオンになっていません。こちらで積極的にオンにします。

　それから、「Install Now」をクリックして、インストールを進めます。

　途中で、**図2-2-4**のように、インストールの許可を求めるウィンドウが現われたら、「アプリ名」や「発行元」などをよく確認の上、「はい」をクリックして続行します。

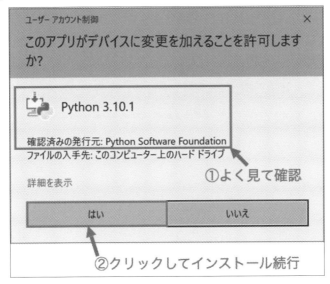

図2-2-4　表示をよく確認してインストール続行

図2-2-5　インストール完了。「Close」ボタンで閉じる

■インストールを確認

●Windows PowerShell

Pythonのインストールが適切になされたことを確認してみましょう。

「Windows PowerShell」または「コマンドプロンプト」を起動します。
本記事ではWindows PowerShellを例に示します。

図2-2-6　スタートメニュー上の「Windows PowerShell」
いくつか種類があるが、いちばん上の項目を起動すればいい。

「PowerShell」を起動したら、「python」と入力します。
すると、「Pythonのコード」を逐次入力して結果を確かめることができるプログラムが起動するので、入力を促す「プロンプト」記号が、「>>>」になります。

これで、「ファイルパスの登録」がちゃんとできていることが、明らかになりました。

図2-2-7　「PowerShell」上でPythonのコードを入力できる状態になる

●はじめてのPythonコード

そこで、**図2-2-7**の②で示したプロンプトのところに、まず**リスト2-2-1**を打ってみます。

＊

なお、本記事は「環境構築」が主題なので、コードの詳細な説明は省きます。

リスト2-2-1　図2-2-7の「プロンプト」のところに打ってみる

```
import random
```

改行キーを押して入力を完了すると、「>>>」がもう一度表示されます。

これは「今の入力はオッケーなので続いて入力してください」ということを示しています。

＊

リスト2-2-1は、乱数を発生させるためのPythonのデータ（ライブラリ）を読み込むという命令なので、これが黙って受け入れられたことになります。

つまり、Pythonのライブラリも正しく読み込まれていることが分かります。

＊

再び現われた「>>>」プロンプトに、リスト2のように打ってください。

リスト2-2-2では2行にまたがって示していますが、1行で打ちます。

リスト2-2-2　続けて、1行で打ち込む

```
print('今日のラッキーナンバーは%d'%random.randrange(100))
```

改行キーを押すと、応答として、「今日のラッキーナンバーは...」と、「0」から「99」までのランダムな整数が表示されます。

みなさんのラッキーナンバーはいくつだったでしょうか。

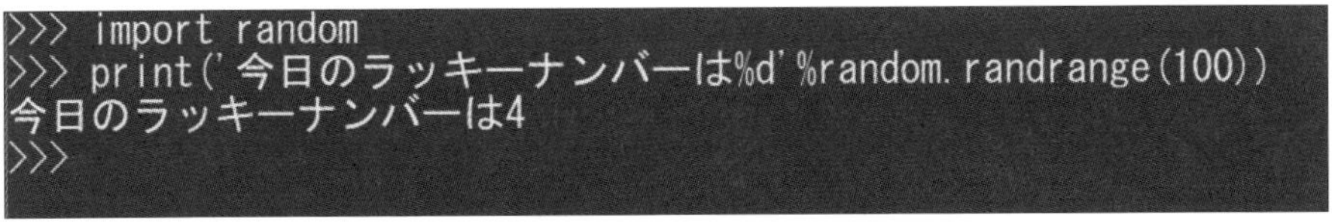

```
>>> import random
>>> print('今日のラッキーナンバーは%d'%random.randrange(100))
今日のラッキーナンバーは4
>>>
```

図2-2-8　はじめてのPythonコード実行成功例
エラーが出ても大丈夫。

これで、「WindowsでPythonを実行できるようになった」ことが確認されました。

入力を一文字でも間違うと、複雑なエラーメッセージがゾワゾワと表示されるでしょう。でも、気にしないでください。それも「Pythonが動く」という意味で大成功です。

なお、**リスト2-2-2**は、「やっぱりコードエディタが必要だな」ということを実感していただくために、わざと面倒臭くしました。

これからコードエディタとして、「VSCode」をインストールしましょう。

「VSCode」のインストール

■「VSCode」のダウンロード

●「VSCode」とは

「Visual Studio Code」は、別記事の「Visual Studio」の軽量版で、マイクロソフトが開発し、オープンソースで配布しています。

●「VSCode」のホームページ

以下の公式ホームページから、ダウンロードできます。

https://code.visualstudio.com/

図2-2-9のようなトップページに、目立つ青色でダウンロードボタンがあります。

図2-2-9　「Visual Studio Code」の公式ホームページ
左側と右上に「ダウンロードボタン」が2つある。

●「インストーラ」をダウンロード

図2-2-9の青色のボタンをクリックすると、たとえば、図2-2-10のようなインストーラが得られます(ファイル名は、バージョンや対応OSによって異なります)。

図2-2-10 「VSCode」のインストーラの一例

■「VSCode」のインストール設定

●「ファイル」や「フォルダ」を「VSCode」で開く設定

図2-2-11〜図2-2-13が、「VSCode」のインストールを進める様子です。

図2-2-12では、「ファイル」と「フォルダ」の右クリック・メニューに、「Codeで開く」オプションを追加する設定を加えています。
これでどうなるかは、あとのお楽しみです。

図2-2-11 「VSCode」のインストール開始
ライセンス条項をよく読んで合意できれば、先に進む。

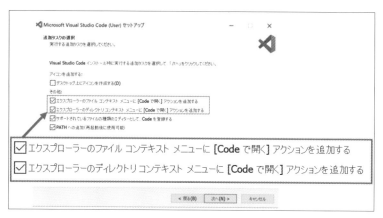

図2-2-12 「ファイル」と「フォルダ」の右クリック・メニューに「Codeで開く」を追加

図2-2-13 インストール完了

図2-2-13のインストール完了画面では、「Visual Studio Codeを実行する」にチェックが入っています。

そこで、「完了」ボタンを押すと、すぐに「VSCode」を開くことができます。
必要な設定をしていきましょう。

「VSCode」の設定

■エディタ全体の設定

●外観を明色に変更

「VSVode」の最初の画面は、図2-2-14に示すような暗色系です。

しかし、最初に表示されている設定画面で、すぐに全体を明色系に変更できます。

図2-2-14　起動直後に表示されている設定画面で、外観の明暗を変更できる。

図2-2-14のような設定画面は、ファイルの編集画面の位置に表示されているので、図2-2-15に示すタブを閉じて終了します。

図2-2-15　明るくなった画面
「Get Started」タブを閉じて、設定画面を終了。

●日本語化

「VSCode」全体を日本語化できます（一部対応しない項目はあります）。それには「拡張機能」を導入します。

「VSCode」には、「拡張機能」によってさまざまな機能をもたせることができます。

「拡張機能」を表示させるには、画面の左に並ぶアイコンのいちばん下を選択します。すると、その隣に**図2-2-16**のように拡張機能の一覧が表示されます。
図2-2-16は、検索欄に「japanese」と打つ途中で、すでに日本語化拡張機能の一覧が選択表示されているところです。

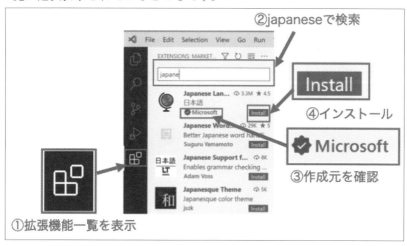

図2-2-16 「日本語化拡張機能」をインストール

第三者の作成する拡張機能もたくさんありますが、本記事ではMicrosoftが作ったものだけを使うことにします。

図2-2-16のように、作成元を確認して、「Install」ボタンを押します。

「VSCode」を再起動すると、日本語化されます。
いったん閉じた「VSCode」は、スタートメニューから起動できます。

●Pythonサポート拡張機能

「VSCode」はそのままでも、「Python」のようによく用いられるプログラミング言語は、文字の色分け、インデントなど、けっこうよくサポートしてくれます。

しかし、マイクロソフトのコード補完機能「Intellisence」やエラーチェックなど強力なサポートを行なうには、Pythonサポートの拡張機能をインストールします。

こんどは検索欄に「python」を入力しました。
Microsoftが作成元であることを確認して、インストールします。

図2-2-17　Pythonサポート拡張機能をインストール

拡張機能をインストールしたら、「VSCode」を一度再起動します。

●Pythonの場所を設定

「VSCode」を再起動すると現われる「最初の作業」画面が、Pythonの場所を指定する設定画面になります。

図2-2-18では、Windowsで配布している「Python」を新たにインストールできるようになっていますが、すでに本家から「Python」をインストールずみなので、「Pythonインタープリタを指定」を選択します。

「インタープリタ」とは、要するに「実行環境」です。

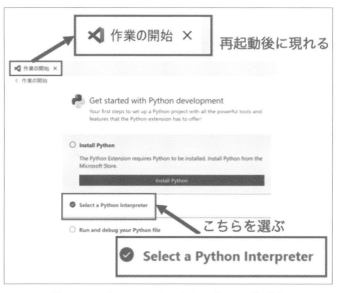

図2-2-18　すでにインストールずみの「Python」を使う

図2-2-18に示した箇所を選択すると、画面内容が変化して図2-2-20のように「Pythonインタープリタを選択」というボタンが現われます。

ボタンを押してみてください。画面全体の上部に、入力・表示のできる欄が現われます。

これは、「VSCode」の特徴である「コマンドパレット」というもので、VSCode上の作業や設定を検索したり入力したりできます。

図2-2-19のように、インストールずみの「Python」の場所はOSに登録して
あるので(図2-2-3)、このまま使えることが分かります。

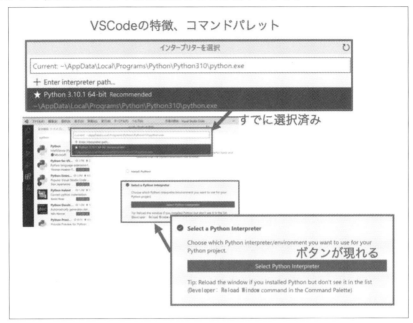

図2-2-19 「コマンドパレット」が現われて、現在のPythonの場所を確認できた

これで、Pythonプログラミングに必要な設定はすべて終わりました。
「作業の開始」タブを閉じます。

簡単なプログラムを書く

■「作業用フォルダ」を作成

●フォルダを「VSCode」で開く

「VSVode」は「フォルダ」単位で作業します。

そこで、「作業用フォルダ」は、Windowsのエクスプローラで作ってしまうのが楽です。

「ドキュメントフォルダ」内に「python_programs」という空のフォルダを作ったとしましょう。

図2-2-20のようにこれを右クリックすると、「Codeで開く」というメニュー項目が現われます。図2-2-12でやった設定の効果です。

ただし、最近はただ開かせてはくれなくなったようで、初めて開くときは、図2-2-21のようにフォルダ内のファイルの作成者を信頼する設定をさせられます。

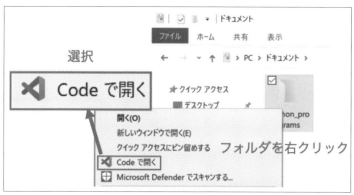

図2-2-20　フォルダをエクスプローラで作り、「VSCode」で開く

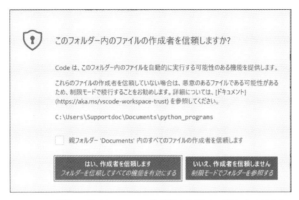

図2-2-21　最初に開くときには、作成者を信頼する設定をさせられる

■ プログラムを書くファイルを作成

●VSCode内でできる

　こうして、「VSCode」を用いてフォルダ「python_programs」内にプログラムを書くファイルを作成できるようになりました。

　Pythonの場合、「スクリプトファイル」と呼ぶのが普通です。
画面の右端のアイコンのうち、いちばん上をクリックしてください。
今まで拡張機能を表示していたところに、ファイル管理画面が開きます。

図2-2-22　ファイルやフォルダを作成するアイコンのついた画面になる

●拡張子を「.py」にする

図2-2-8は「hello.py」という名前のファイルを作成しているところです。

「Pythonのスクリプトファイルである」ことを示す拡張子「.py」を付けてやることで、ファイルのアイコンはPython由来のものとなり、コード補完や、編集中のエラーチェックができます。

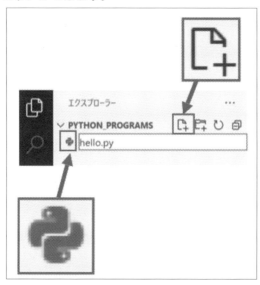

図2-2-23 ファイルを作成
拡張子「.py」を付けてやる。

●ファイルの編集

図2-2-23で作ったファイル名を選ぶと、中央のエディタでファイルにコードを書くことができます。

図2-2-24では、リスト2-2-1の内容を書いているところですが、すでにコードの補完候補が表示されています。

一方、未保存のファイル数やエラー数を示す数字や印も随所に現われます。未保存のままでは実行に反映されないので、注意してください。

＊

一方、編集中は当然不完全なわけですから、始終エラー表示がなされますが、そこは気にしません。

一区切りついてから、エラーを確認します。

●ファイルの保存

さて、未保存に注意と申し上げましたが、なぜか「VSCode」には伝統的に、ファイル保存のアイコンがありません。

「ファイル」メニューから「保存」を選択するか、ショートカットキー [Ctrl] + [S] を用います。

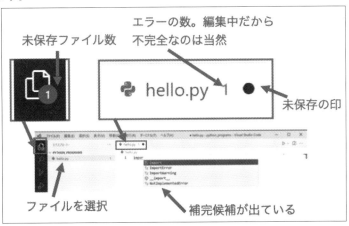

図2-2-24　補完ウィンドウやいろいろな印を見ながらコードを編集

プログラムを実行

■一発実行

●ファイルを実行するメニューやボタン

「hello.py」の内容は、**リスト2-2-1**と**リスト2-2-2**を続けて書いたものにします。

図2-2-25のように、キーワードなどが色分けで表示されています。

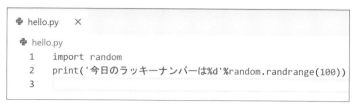

```
🐍 hello.py    ×
🐍 hello.py
   1    import random
   2    print('今日のラッキーナンバーは%d'%random.randrange(100))
   3
```

図2-2-25 「VSCode」で編集したPythonプログラム
「リスト2-2-1」と「リスト2-2-2」を続けて書いたもの。

「VSCode」では、このファイルを一発実行できます。

ファイルを選択しておいて、メニューやボタンから「実行」的な内容を選びます。

たとえば、**図2-2-26A・B**に示すとおりです。

図2-2-26A・B （左）メニューの「実行」から「デバッグなしで実行」を選ぶ
（右）エディタの右上にある実行ボタン。

*

結果は、コード編集画面の下部にある「ターミナル」に表示されます。

このターミナルは、「PowerShell」なので、引き続きコマンド入力により実行他の処理ができます。

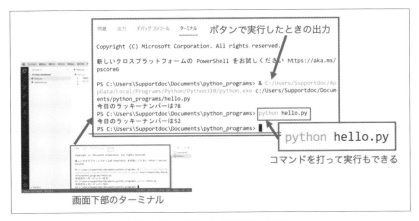

図2-2-27　VSCode下部のターミナル
正体は「Windows PowerShell」

他にも環境構築の方法はいろいろあると思います。
みなさん、自分に合った方法をお使いください。

Pythonで「AIプログラム」をつくる

さぁ、プログラムをすぐに作ってみましょう

「AIブーム」という語が古くさくなるくらい、AIが定着した今日このごろですが、「AIプログラム」そのものはどのように作るのでしょうか。ライブラリのおかげで、驚くほど簡単です。

■清水 美樹

「AIプログラム」を作る準備

■ お手元のパソコンでできます

●Pythonライブラリのおかげです

「AIプログラム」とは、世の中のデータを読んで学習し、未知のデータに対応するプログラムであると言えます。

そのため、大量の複雑なコードを書いて、大型の計算機で実行するイメージがあるのではないでしょうか。

実は、確かにそうです。

しかし、「Python」でAIを開発しているみなさんが、その複雑なコードをライブラリにまとめ、お手元のパソコンでも簡単にできるような、「サンプル」と「課題」を用意してくれています。

■ anaconda.com と Jupyter Notebook

●ダウンロードとインストール

さっそく、やってみましょう。

まず、「Python」の「ライブラリ」と「開発ツール」を一通り揃えた巨大ソフトウェア、「Anaconda」をインストールします。

提供元「anaconda.com」のURLは以下のとおりです。

プロ版、企業版などでビジネスを行なっている企業ですが、「無料版」を公開しています。

《Anacondaの提供元のURL》

https://www.anaconda.com/

この「無料版」の名前はときどき変わりますが、2023年1月時点では、「Anaconda Distribution」で、図2-3-1のようにブラウザのメニューから選んで、確実にインストーラのダウンロードページに行けます。

図2-3-1 「Anaconda Distribution」のダウンロードページへ行く方法(2023年1月時点)

図2-3-2 「Anaconda」のインストーラ

インストーラは、初期設定どおりに進めます。

●「Jupyter Notebook」を用いる

Windowsであれば、**図2-3-3**のようにスタートメニューに「Anacondaの開発ツール一式」が現われます。

最もよく用いられているのが、プログラミングツール「Jupyter Notebook」です。

「Python」の「py」というシャレが入っていますが、「ジュピター」と呼びます。

これは「実行環境」が「ローカル」で動く「アプリケーションサーバ」で、ファイル操作やコーディング、実行などはブラウザから行ないます。

*

「Jupyter Notebook」を起動すると、ブラウザが自動で立ち上がって接続します。

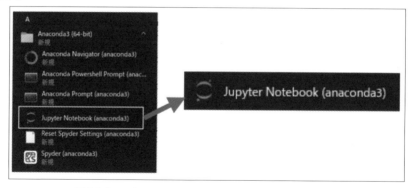

図2-3-3 スタートメニューから「Jupyter Notebook」を起動

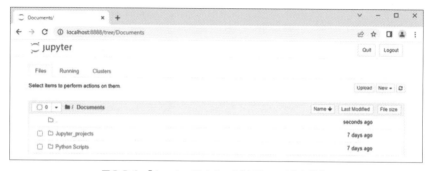

図2-3-4 「Jupyter Notebook」上でファイルを操作

■「TensorFlow」のインストール

●「Jupyter Notebook」のコード作成画面

　図2-3-5は「Jupyter Notebook」のコード作成画面です。「セル」と呼ばれる入力欄に一連のコードを入力して、「実行」ボタンを押すと、結果がすぐ下に表示されます。

　このようなページを「ノートブック」と呼び、図2-3-6のメニューで「Python3(ipykernel)」を選んで作成できます。

図2-3-5　「Jupyter Notebook」のコード作成画面

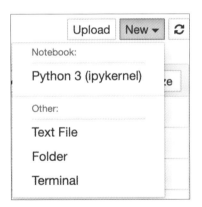

図2-3-6　「ノートブック」を作成する方法

●「pip」コマンドも実行できる

　ノートブックの「セル」はPythonコードを実行するためのものですが、python関係のコマンドも実行できます。

　これから、「TensorFlow」という、「AIでは定番、これを使わないでAIができるほうがむしろスゴイ」と言いたくなるほど有名なフレームワークをインストールするのですが、以下の「pip」コマンドを「Jupyter Notebook」のセルに打って実行できます。

「TensorFlow」をインストールする「pip」コマンド

```
pip install tensorflow
```

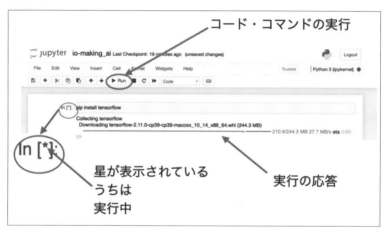

図2-3-7　「Jupyter Notebook」で「pip」コマンド

＊

　実行が終わると、新しいセルが現われますから、ここから「AIプログラミング」を実行していきます。

「AIプログラム」を作る

■「手書き数字の認識プログラム」を作る

●MNISTというサンプル

　「手書き数字の認識」は、「AIプログラム」の最初の一歩としては金字塔です。
　「0」から「9」までの数字を、手で書いた画像の画素の白黒分布から、なんの数字か判定します。

＊

「手書き数字の認識」が金字塔なのは、黄金のようなサンプルが公開されているからです。

「MNIST(エムニスト)データベース」と呼ばれます。

米国の国立技術標準研究所(NIST)という機関が、職員や学生から集めた大量の手書き数字の画像を修正(Modify)して整えたもので、学習用に6万件、テスト用に1万件のデータからなります。

数は多いですが、1つ1つの画像は、画素を表わす数値に変換されており、画素数も小さいので、ほんの数キロバイトにすぎません。

●サンプルはライブラリから読み込める

このサンプルは今から20年以上前に公開されましたが、すでに「TensorFlow」のライブラリとして、「AIプログラム」中で「インポート」すれば読み込めるようになっています。

まず、そこから行ないましょう。

*

図2-3-7のあとに現われたセルに、リスト2-3-1のように打ち込みます。

リスト2-3-1　インポート

```
import tensorflow.keras as keras
```

リスト2-3-1で「tensorflow.keras」というライブラリは、もともと「Keras」というプロジェクトの独立したライブラリでしたが、今は「TensorFlow」の標準ライブラリとして読み込めます。

このライブラリの中に、さらに「datasets.mnist」というライブラリがあり、「load_data()」という関数を用いれば、プログラム中に読み込めます。

リスト2-3-2　MNISTデータを読み込む

```
mnist = keras.datasets.mnist
(x_train, y_train), (x_test, y_test) =
    mnist.load_data()
```

●何が読み込まれたのか

読み込んだ内容はタプル2つですが、要するに「x_train」「y_train」など全部で4つの変数に値が渡されたと考えます。

これらの変数は、みな「配列」です。

> x_train…学習用の画像の画素を表わす数値データを要素とする、要素数6万の配列。
> 1件のデータは28×28の「2次元配列」。

> y_train…学習用の画像データに相当する正解を要素とする配列。
> たとえば、「x_train[0]」の画像が数字の「7」を書いたものだとすると、「y_train[0]」の値は整数「7」。

> x_test および y_test…それぞれ1万件ぶんのテスト用画像データとその正解。
> 「x_test」の画像データは数値化されているので、単純に書き出しても何がどういう画像なのか分かりませんが、たとえば、「matplotlib」の関数「imshow」を用いれば、数値データから画像を得られます。

リスト2-3-3は「x_train」の最初の画像（インデックス0）を画像として出力したところです。

やや崩れた、「5」の字が現われます。

リスト2-3-3　「x_train[0]」が画像データであることを確かめる

```python
import matplotlib.pyplot as plt
plt.imshow(x_train[0], cmap = 'gray')
plt.show()
```

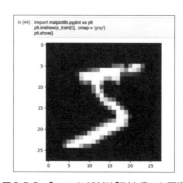

図2-3-8　「x_train[0]」は「5」を書いた画像

　白黒が反転しているのは、黒の数値データを「0」、白を「255」とすれば、画像の多くが「0」かそれに近い値となり、配列の計算が簡単になるからです。

　そして、「y_train[0]」の値は、整数「5」です。

＊

　以上が「MNISTデータベース」の内容です。

　AIで処理するときは、**リスト2-3-5**のようにすべての画素データを「255.0」で割り、「0」と「1」の間の小数にしておきます。

リスト2-3-5　AIで処理する前の作業

```
x_train, x_test =
    x_train / 255.0, x_test / 255.0
```

　手書きのデータを自分で作る必要も、Webから探してくる必要もないのですから、本当にラクですね。

■ 認識するためのAIモデル

●層状構造のモデル

　「AIモデル」とは、「AIプログラム」のことです。

＊

　まず、アルゴリズムとなる演算プログラムを作りますが、パラメータは全部初期化されています。

　学習によって、それらのパラメータの値を決めて、はじめて、判断のできるプログラムとなります。

　実際の演算はすでにまとまった部品プログラムとしてライブラリになっており、我々は目的に応じて部品プログラムを組み合わせるだけで、全体のプログラムを構築できます。

＊

　今回用いるプログラムをインポートすると、**リスト2-3-6**のとおりです。

リスト2-3-6　手書き認識に用いる部品プログラムのインポート

```
from tensorflow.keras.layers \
import Flatten
from tensorflow.keras.layers \
import Dense
```

　長いライブラリ名ですが、どちらも「layers」という名前のライブラリに入っています。

　つまり、「層」なのです。

　もう一つ、「層」という名前のプログラムをまとめて全体を構築するのに、**リスト2-3-7**のライブラリをインポートします。

リスト2-3-7　部品プログラムをまとめる全体のプログラムのインポート

```
from tensorflow.keras.models \
import Sequential
```

　インポートするのは「Sequential」というクラスです。意味は「順序をもって並ぶ」。

　ですから、このモデルは、各部品プログラムが「層」の形をしており、それが順序よく積み重なった形、ということになります。

●だから「ディープ・ラーニング」

　今のAIは「ディープ・ラーニング」…と最近は断るまでもなく、主流になっています。

　なにやらナゾな雰囲気の手法に聞こえますが、この「ディープ」は、今説明したような、部品プログラムが層状に積み重なる「深さ」です。

　ですから、「マルチレイヤー・ラーニング」という名前でもいいのでしょうが、部品プログラムを多くしたほうが、扱うデータからより深い特徴を探り出すことができるという意味もあって、このような命名になったのでしょう。

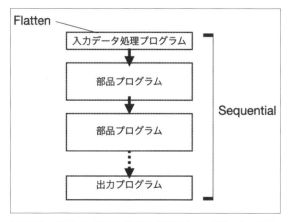

図2-3-9 部品プログラムが層状に順序をもって重なったモデル

●「Dense」とは何か

さて、その「層」上のプログラムですが、一つは「Flatten」というクラスです。

これは、AIの直接の部品ではなく、28×28の2次元配列を「平たく」して、要素数784の1次元配列にする「データ前処理プログラム」です。

＊

次のクラス名「Dense」は「濃い」という意味です。

層状に積まれたプログラム同士の関係が「濃い」のです。

具体的には、各プログラムが複数の入力及び出力をとり、前の層のすべての出力を、次の層のすべての入力に送ります。

ただし、出力は単純な足し合わせではなく、どの入力に送るかで「重み」が違います。**図2-3-5**に略図を示します。

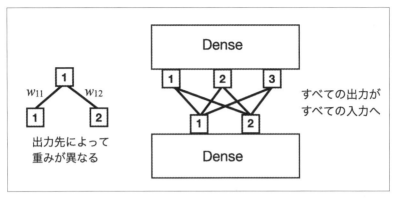

図2-3-10　すべての出力がすべての入力に加わるが、「重み」が異なるので、単純な足し合わせではない

●層を「積み下げる」コード

　部品プログラムの層を入力側から出力側へと積んでいくコードは、実際には**リスト2-3-8**のようになります。

　フローチャート的には入力が上で出力が下になりますから、「深く積み下げる」というイメージになりますね。

リスト2-3-8　部品プログラムを「積み下げる」

```
#モデル
model = tf.keras.models.Sequential()

#入力データ処理プログラム
model.add(Flatten(input_shape=(28,28)))

#部品プログラム
model.add(Dense(64,activation= 'relu'))
```

●イエスかノーかの活性化関数

　リスト2-3-8の部品プログラムですが、入出力はそれぞれ64個です。
　実は、「1個の入力」と「1個の出力」をもつ64個の数式からなる、という構造です。

引数名にある「activation」は、「活性化関数」を示します。
これはAIの「判断」にあたる関数と言えるでしょう。

私たちの大きな決断は、多くの細かい課題に対する「イエス」か「ノー」かの組み合わせです。
AIではこの細かい判断を、「計算結果がある閾値より大きいか小さいか」にします。
これが「活性化関数」です。

名前の由来は、化学反応などがある条件で急に起こって一気に飽和値まで行く現象をイメージしています。

＊

リスト2-3-8にみる「活性化関数」の識別名「relu」は可愛い名前ですが、「Rectified Linear Unit」の略です。
意味は、「カドはあるけど線形」。

閾値までは0で、それ以上は入力をそのまま戻す関数で、閾値の前後が「0か0でないか」とハッキリしており、かつ閾値近くの値も安定しているので、好んで使われます。

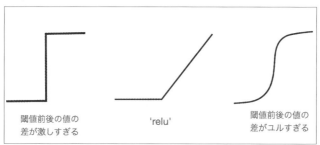

閾値前後の値の
差が激しすぎる　　　　'relu'　　　　閾値前後の値の
　　　　　　　　　　　　　　　　　差がユルすぎる

図2-3-11　閾値の前後がハッキリしていて、かつ、安定な「ReLU関数」

● 10段階に分類する「softmax」

本記事のモデルでは、最後にリスト2-3-9のような「出力層」を追加します。

部品プログラムと同じ「Dense」の性質をもつので、前の入力すべてを受け付けますが、入出力の関数は10個しかありません。

理由は、情報を10個に分類するためです。

分類する関数が「softmax」です。

閾値を複数もって、入力を複数の値のうちの一つに分類します。

リスト2-3-9　前の入力を10個に分類して出力する層

```
model.add(Dense(10,
    activation='softmax'))
```

● ぜんぜんディープじゃないですけれど

本稿で作るモデルは、このように層の数が少なく、ぜんぜんディープではありませんが、それでも6万件のデータから経験を積んで、このあと示されるように高い精度で手書き文字を判定します。

■ モデルの学習の方針を決める

●「学習」とは何か

これでモデルの構造が出来ました。

しかし、まだ設定があります。

それは「学習の方針」です。

＊

さて、みなさんにとって「学習」とは何でしょうか。

「失敗は学ぶ機会だと思え」と言いますが、AIも正解と自分の判定の「誤差」を計算し、誤差が小さくなるようにプログラムのパラメータを修正していきます。

誤差とは、「判定を間違えたデータは6万件のうち何件か」という割合です。

誤差を小さくするには、判定をするプログラムのパラメータの大きさと、誤

差の大きさの関係を示す近似関数の「極小値」を求めればいいのです。

●識別名の選択だけで決められる

…と、簡単に言えるほど、その近似関数も日々、改善されています。

そのため、**リスト2-3-10**のように「識別名の選択」を行なえば、モデルの学習の方針決定です。

リスト2-3-10　学習の方針を決定

```
model.compile(optimizer='adam',
  loss='sparse_categorical_crossentropy',
  metrics=['accuracy'])
```

プログラムの「パラメータの大きさ」と「誤差の大きさ」の関数は、'sparse_categorical_crossentropy'という識別名で呼び出せます。

---

sparse…読ませるデータに「0（この場合は黒）」値が多い。
categorical…0〜9のどれかという分類をする
crossentropy…統計的手法名の一つ。

平たく言うと「最小2乗法」が大変よく進歩した方法。
正確な条件は求められないので推測する方法が'adam'という識別名です。

AIの精度は「誤差の小ささ」では人に分かりにくいので、「正解率の大きさ」として表示します。

これが、'accuracy'です。

■ モデルを学習させる

●「学習」という語は浪漫すぎるのか

　さぁモデルを「学習させる」わけですが、「学習」は擬人化過剰という考えによるのか、関数名は「fit」（データに適合させる）です。

　リスト2-3-11のとおりです。

リスト2-3-11　モデルをデータに「適合させる」

```
model.fit(x_train, y_train, epochs=10)
```

　学習回数（epochs）は10回を設定しました。

　これだけです。

　図2-3-7のように、進捗状況を表示しながら少し待たせますが、日常の「PC自体の起動」や「なにかのダウンロード」よりはずっと早く終わるのではないでしょうか。

```
In [58]:  model.fit(x_train, y_train, epochs=10)

          Epoch 1/10
          1875/1875 [==============================] - 2s 742us/step - loss: 0.3071 - accuracy: 0.9144
          Epoch 2/10
          1875/1875 [==============================] - 2s 821us/step - loss: 0.1484 - accuracy: 0.9566
          Epoch 3/10
          1875/1875 [==============================] - 1s 735us/step - loss: 0.1077 - accuracy: 0.9681
          Epoch 4/10
          1875/1875 [==============================] - 1s 727us/step - loss: 0.0846 - accuracy: 0.9745
          Epoch 5/10
          1875/1875 [==============================] - 1s 727us/step - loss: 0.0701 - accuracy: 0.9786
          Epoch 6/10
          1875/1875 [==============================] - 1s 730us/step - loss: 0.0579 - accuracy: 0.9824
          Epoch 7/10
          1875/1875 [==============================] - 1s 738us/step - loss: 0.0484 - accuracy: 0.9849
          Epoch 8/10
          1875/1875 [==============================] - 1s 729us/step - loss: 0.0423 - accuracy: 0.9870
          Epoch 9/10
          1875/1875 [==============================] - 1s 728us/step - loss: 0.0354 - accuracy: 0.9889
          Epoch 10/10
          1875/1875 [==============================] - 1s 725us/step - loss: 0.0300 - accuracy: 0.9907

Out[58]:  <keras.callbacks.History at 0x7f85a81878b0>
```

図2-3-12　PC上でAIが学習している

「AIプログラム」を使う

■ 手書き数字を判定してみる

●テストデータの一つを判定する

このモデルを用いて、1万件のテストデータ (学習に使っていない) の一つである「x_test[0]」の数字を判定してみます。

リスト2-3-12のようにするだけです。

＊

ただし、一度に複数のデータを判定できるようになっているので、テストデータが1個でも、「要素1個の配列」として扱います。

リスト2-3-12　「Numpy」の配列として判定値を得る

```
import numpy as np
num = model(np.array([x_test[0] ]))
```

得られた「num」は、この画像が0〜9である確率を表わす要素数10の配列となります。

リスト2-3-13で、「値が最大の要素のインデックス」を求められます。

リスト2-3-13　数字はいくつである確率が最大か

```
np.argmax(num.numpy())
```

リスト2-3-13の結果は「7」と出ます。

インデックスが「7」の要素とは、すなわち数字が「7」である確率です。

つまり、「7」と判定されました。

「x_test[0]」の画像が本当に「7」かどうかは、**リスト2-3-13**の「x_train[0]」を「x_test[0]」に替えて実行すれば、すぐに分かります。

＊

世の中でよく「AI『で』簡単」と言いますが、むしろ「AI『が』簡単」になっているのに驚きます。

もちろん、それは、日々AI開発の難題に取り組む人々のおかげです。

Pythonで「Selenium」を使う

サイトの「自動テスト」と「スクレイピング」

近年、ブラウザを利用してクラウドやサーバなどから情報を入手する「Webアプリケーション」が増えています。

「Webアプリケーション」は、ブラウザ上で動作するので、ブラウザを自動で制御できれば外部のアプリケーションとの連携も可能になります。

ここでは「Selenium」というライブラリを使って、Pythonのコードでブラウザを「自動制御」する方法に触れます。

■ぼうきち

「Selenium」とは？

「Selenium」とは、ブラウザを「自動制御」できるライブラリです。

＊

「Selenium」は主に2つの用途で利用されています。

一つはWebサイトの「自動テスト」です。

Webページの多くは、サーバが出力するHTMLをそのまま表示する「静的なページ」なので、サーバの出力を確認するだけでテストできます。

しかし、Webアプリケーションには、「JavaScript」で表示内容をあとから作成、変更するものがあり、その場合はブラウザ上で動作結果を確認する必要があります。

「Selenium」ならばブラウザ上の状態を取得できるので、「動的な変更結果」も取得できます。

図2-4-1　動的なWebページの例
入力内容に応じて表示内容が変化する。

＊

もう一つは、「スクレイピング」です。

これは「自動テスト」の応用で、ページを表示した際の「要素」の状態を取得する機能の応用です。

ただし、「Selenium」はスクレイピング専用のツールではないので、高速かつ大量の「スクレイピング」をするのには向きません。

Webページの構造

自動テストをするには「Webページの構造」を把握する必要があります。

Webページは、「HTML」(文章を構造的に記述できる言語)、「CSS」(HTMLの装飾を指定する言語)、「JavaScript」(Webページを動的にする言語)で構成され、HTMLの中に文章を記述、また、外部ファイルとして画像などのコンテンツを指定します。

＊

ブラウザは「HTML」をサーバから取得して要素を解釈し、画面として表示します。

そして、要素は「html要素」をルートとして、「html要素」の中に「body要素」、その中に子要素として「文章」や「画像」などが入ります。

各ブラウザは仕様の少しの違いや機能の差異があるので、表示結果が異なることもあります。

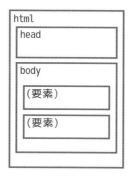

図2-4-2　「HTML」の構造
要素は「親子関係」になっている。

インストールと簡単なテスト

Pythonで「Selenium」を動かすには、「Selenium」本体のインストールと、「WebDriver」が必要です。

まずは、コマンドラインから次のように入力して「Selenium」をインストールします。

```
pip install selenium
```

次に「WebDriver」をインストールします。

「WebDriver」とは、ブラウザをライブラリから操作するためのインターフェイスです。

筆者はChromeを使っているので、Chromeがインストールされているのを前提とします。

```
pip install chromedriver-binary-auto
```

今回は、現在インストールしているバージョンのChromeと互換性のある「WebDriver」を自動的にインストールできる、「chromedriver-binary-auto」を使います。

*

Chromeはブラウザとしてほぼ自動的にアップデートされるので、「WebDriver

インターフェイス」のバージョンが一致せず、動作しなくなることもあります。

その場合は、次のように入力して「WebDriver」のバージョンを合わせる必要があります。

```
pip install --upgrade --force-reinstall chromedriver-
binary-auto
```

自動テスト

「自動テスト」は、「入力」した結果の「出力」が、「想定」と同じかを確認します。

たとえば、「書籍検索システム」をテストする場合は、入力欄に「基板」と入力してボタンを押して、「基板」に関する書籍が「検索結果の画面」に表示されればOKとなります。

手動でテストをすると、①「マウスで入力欄をクリック」、②「検索したい文字を入力」、③「ボタンを押下」、④「表示内容を確認」という手順となります。

これを、「Selenium」で実行するスクリプトに置き換えます。

要素の調べ方

ブラウザを自動的に制御するには、入力対象である「要素」を指定する必要がありますが、要素は「クラス名」「CSSセレクタ」や「XPath」などで指定できます。

＊

「CSSセレクタ」や「Xpath」は、Chromeの「開発ツール」で取得できます。

「開発ツール」で得られるセレクタは正確な指定に近い分、長くなる傾向にありますが、要素に「id」があるか、ページ内で単一の名前がある場合は、手動で要素を指定すると短く指定できる場合があります。

図のページでは「search」という名前が「入力欄の要素」に対する単一の名前になり、これで指定できます。

また、検索ボタンも「input[type=SUBMIT]」として、短い「CSSセレクタ」で指定できます。

　入力欄に対して「send_keys」でキーを入力、ボタンに対して「click」でクリックし、最後に結果ページのスクリーンショットを保存します。

リスト2-4-1　検索を「Selenium」で実行するコード

```python
#!/usr/bin/env python

from selenium import webdriver
import chromedriver_binary
from selenium.webdriver.common.by import By

# Web サイトを開く
driver = webdriver.Chrome()
driver.get("https://www.kohgakusha.co.jp/")

# 入力欄に入力
el = driver.find_element(By.NAME, 'search')
el.send_keys('基板')

# 検索ボタンを押下
el2 = driver.find_element(By.CSS_SELECTOR,
'input[type=SUBMIT]')
el2.click()

# スクリーンショット撮影
driver.save_screenshot('result.png')

driver.quit()
```

図2-4-3　入力欄を右クリックするとメニューが表示されるので、「検証」を選ぶと開発ツールが開く

```
▼<font style="font-size:12px;">
    "書名検索:"
    <input type="TEXT" name="search" size="40"> == $0
    <input type="SUBMIT" value="検索">
</font>
```

図2-4-4　ソース上の入力欄とボタンの要素

図2-4-5　開発ツールの要素を右クリックすると、要素の指定に使える情報を取得できる。

図2-4-6　実行して得られたスクリーンショット

「スクレイピング」について

「スクレイピング」は、Webページから情報をデータとして取得する手段です。

ここでは先ほどのコードで得られた結果画面から一覧を文字列として取得してみます。

＊

スクリーンショットで保存する部分に、次のコードを追加します。

リスト2-4-2　結果の一覧を文字列として取得

```python
#!/usr/bin/env python

from selenium import webdriver
import chromedriver_binary
from selenium.webdriver.common.by import By

# Webサイトを開く
driver = webdriver.Chrome()
driver.get("https://www.kohgakusha.co.jp/")

# 入力欄に入力
el = driver.find_element(By.NAME, 'search')
el.send_keys('基板')

# 検索ボタンを押下
el2 = driver.find_element(By.CSS_SELECTOR,
'input[type=SUBMIT]')
el2.click()

# スクリーンショット撮影
driver.save_screenshot('result.png')

# テーブル
table = driver.find_element(By.XPATH, '/html/body/table/
tbody/tr[3]/td/table/tbody/tr/td/div[2]/table[1]')
rows = table.find_elements(By.TAG_NAME, 'tr')
books = rows[1:]

# 一覧の表示
for b in books:
    print(b.text)

driver.quit()
```

このコードでは、検索結果のページから「リスト部分」である「table要素」を「Xpath」で指定して取得し、その要素から「子要素」として「tr要素」をタグ名で指定して、各行の配列を取得します。

「find_elements」と、「メソッド名」が複数形であるところに注意してください。

テーブルの行から見出しの先頭1行を取り除き、「books」としています。

あとは「textプロパティ」で内容を文字列として取得すれば、保存や加工が自由にできます。

＊

応用例としては、「td要素」を配列として取得して「行」の「子要素」にすると、セル単位で文字列を処理できます。

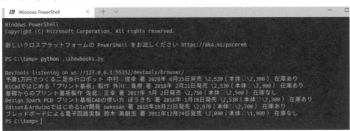

図2-4-7　要素の内容を表示

「スクレイピング」の注意点

「スクレイピング」は便利ですが、注意点もあります。

＊

まず、基本的な部分として、「スクレイピング」で集めたデータは、各サイトの内容の一部です。

利用には許諾が必要になるので、私的使用の範囲内に留めるのがいいでしょう。

また、大手サイトの利用規約は「スクレイピング」に否定的です。

「スクレイピング」には大量に情報を収集するものがあり、サーバに負荷が掛かるためです。

アカウント停止の対象にもなり得るので、注意してください。

Pythonの「ラムダ式」

ちょっとした「関数」を「オブジェクト」として使う

「Python」では、関数を「オブジェクト」として使えます。
中でも、「定義文を書かない無名の関数」の作成には「lambda」(ラムダ)というキーワードを用います。

■清水 美樹

関数を「オブジェクト」として扱う

■ オブジェクトを意識しない使い方

「ラムダ式」の前に、まず"「関数をオブジェクトとして使う」とはどういうことか"を実感する必要があると思います。

そこで、そもそも関数をオブジェクトとして意識しない、普通の使い方から確かめましょう。

*

リスト2-5-1は、関数「add1」を定義しておいて、それを呼び出しています。

リスト2-5-1　関数「add1」とその使用

```
def add1(x):
    return x+1

x2= add1(2)
print(x2)
```

リスト2-5-1の実行結果

```
3
```

さて、ここで問題です。

変数「x2」に渡された値の「データ型」はなんでしょう。

答は、**リスト2-5-2**をやってみれば分かります。

リスト2-5-2　変数「x2」に渡された値の「データ型」は？

```
print(type(x2))
```

リスト2-5-2の実行結果

```
<class 'int'>
```

　関数「add1」は「戻り値」として「数値」を返します(引数が「int型」なので、「戻り値」も「int型」)。
　その「戻り値」が変数「x2」に渡されたのです。

■ オブジェクトとして関数を使う

● 関数を変数に渡す

　次に、「関数をオブジェクトとして使う」最も簡単な方法として、「関数を変数に渡す」リスト2-5-3を行なってみましょう。

リスト2-5-3関数を変数に渡す

```
tas1=add1
xx2 = tas1(2)
print(xx2)
```

リスト2-5-3の実行結果

```
3
```

　リスト2-5-3では、変数「tas1」に関数「add1」を渡しました。

> ※オブジェクトとして関数を扱う場合は、カッコとその中の引数の指定は書きません。

　関数「add1」を渡された変数「tas1」は、カッコの中に引数に渡す値を書いて、関数として呼び出せます。

　リスト2-5-4を実行して比べると、「関数を渡された変数」と「関数を呼び出した結果」の違いが、よく分かるでしょう。

リスト2-5-4 関数を渡された変数と、関数呼び出しの結果でデータ型を比べる

```
print(type(tas1))
print(type(tas1(2)))
リスト4の実行結果
<class 'function'>
<class 'int'>
```

リスト2-5-4の実行結果から分かるように、変数「tas1」は「関数オブジェクト」で、これを関数として引数「2」を渡して呼び出した結果は整数なのです。

● 関数を引数に渡す

リスト2-5-3～2-5-4は、「ただ関数の名前をadd1からtas1に変えただけ」のように見えますが、関数をオブジェクトとして扱えることの真の強みは、関数を「引数」として渡せることです。

*

リスト2-5-5は、関数を「引数」にとる関数「calc」の定義です。

リスト2-5-5 関数を引数にとる関数「calc」

```
def calc(x, keisan):
    return keisan(x)
```

関数「calc」の最初の引数「x」に数値、2番目の引数「keisan」に関数を渡し、「keisan」に「x」を渡して得た結果を戻します。

リスト2-5-1で定義した関数「add1」を、関数「calc」の引数に渡してみましょう。

*

リスト2-5-6では、このようにして呼び出した「calc」の「戻り値」を直接表示させます。

リスト2-5-6 関数「calc」の引数に関数「add1」を渡す

```
print(calc(10, add1))
```

リスト2-5-6の実行結果

11

*

リスト2-5-7のように、別の関数を定義して、それを関数「calc」の引数に渡せば、同じ「x」に対して異なる結果が得られます。

リスト2-5-7　関数「calc」の引数に他の関数を渡す

```
def sub1(x):
    return x-1

print(calc(10, sub1))
```

リスト2-5-7の実行結果

```
9
```

そこで「ラムダ式」

■ 関数名を定義しなくていい

●「ラムダ式」で表わした関数を引数に渡す

そこで「ラムダ式」です。

リスト2-5-8は、関数「calc」の引数に「ラムダ式」で表わした関数を直接与えています。

リスト2-5-8　「ラムダ式」で表わした関数を引数に渡す

```
print(calc(10, lambda x: x*x))
```

図2-5-1　「ラムダ式」の書き方

図2-5-1に示すとおり、リスト2-5-8の「ラムダ式」は、「引数をxとしたとき、x*xを計算する」関数を表わしています。

　この関数を「def」キーワードで定義して用いるなら、**リスト2-5-9**のようになります。

リスト2-5-9　関数を定義してから関数「calc」に渡す

```python
def square(x):
    return x*x

print(calc(10, square))
```

　しかし、**リスト2-5-8**のように「ラムダ式」を用いると、わざわざ関数名を考えて関数を定義しなくてもいいので、楽です。

■「ラムダ式」の使用目的

● 簡単な関数を定義

　「ラムダ式」を使う目的は、「簡単な関数をその場で定義して、楽をすること」です。

● 行を減らす

　たとえば、**リスト2-5-10**のように書けば、「add11」という名前の関数を「def」で定義するよりも行が少なくてすみます(結果はそれぞれ「11.1」と「299」)。

リスト2-5-10　関数の定義用の行が不要になる

```python
add11 = lambda x: x+11
print(add11(0.1))
print(add11(299))
```

　文字列を引数にとった**リスト2-5-11**も同様です。
　短いHTML文を作るときなどに役立つでしょう。

リスト2-5-11　文字列も引数にとれる

```python
bold= lambda stc: '<b>%s</b>'%stc
print('I say '+bold('No'))
```

リスト2-5-11の実行結果

```
I say <b>No</b>
```

● 関数の定義の中で使う

関数を定義する中で、ちょっとした関数を呼び出したいときに用いると、外部に関数を定義して呼び出す手間が省けます。

リスト2-5-12は、引数として与えた数値によって関数を戻す関数です。
装置のボタンへの処理の割り当てなどを想定しています。

リスト2-5-12 「ラムダ式」で表わした関数を戻す関数

```
def assignjob(n):
    if n==0:
        return lambda x,y:x+y
    elif n==1:
        return lambda x,y:x-y
    return lambda x,y:0
```

リスト2-5-12では、「ラムダ式」に2つの引数を置きました。

図2-5-2に示す「ラムダ式」では、2つの引数に何を渡すかに拘わらず、「0」を戻します。

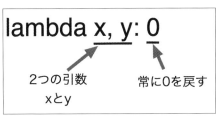

図2-5-2 引数を2つとるが、常に0を戻す

リスト2-5-13は、リスト2-5-12の関数「assignjob」を用いて各ボタンに処理を割り当てることを想定した記述です。

リスト2-5-13　ボタンに処理を割り当てる記述

```
bt0=assignjob(0)
bt1=assignjob(1)
bt2=assignjob(2)
```

リスト2-5-13の変数「bt0」～「bt2」は、いずれも引数を2つとる関数です。

リスト2-5-14は、数値1と2に対して、それぞれのボタンに割り当てられた処理を行なうことを想定した記述です。

リスト2-5-14　2つの数字をそれぞれのボタンに処理を割り当てる感じ

```
print(bt0(1,2))
print(bt1(1,2))
print(bt2(1,2))
```

リスト2-5-14の出力は、それぞれ、「3,-1,0」となります。
「足し算」「引き算」「0」を返すための関数を定義しなくてすんだうえに、統一のとれた書き方になりました。

● 要素の変換を記述する

Pythonには「リスト内包表記」という表現があり、非常によく使われています。

たとえば、「2の1乗」から「8乗」までをリストに納める最も原始的な書き方は、リスト2-5-15のとおりです。

リスト2-5-15　リストを作る原始的な方法

```
result = []
for i in range(8):
    result.append(2**(i+1))
```

「リスト内包表記」ではリスト2-5-16のように簡単に書けます。

リスト2-5-16　簡単に書けるリスト内包表記

```
result =[2**(i+1) for i in range(8)]
```

しかし、同じことを「map」という関数を使って書くとき、「0」から「7」までの数をどう変換するかという関数の指定に、「ラムダ式」を利用できます。

リスト2-5-17 「map関数」による表記

```
result = list(map(lambda i: 2**(i+1),
                  range(8)))
```

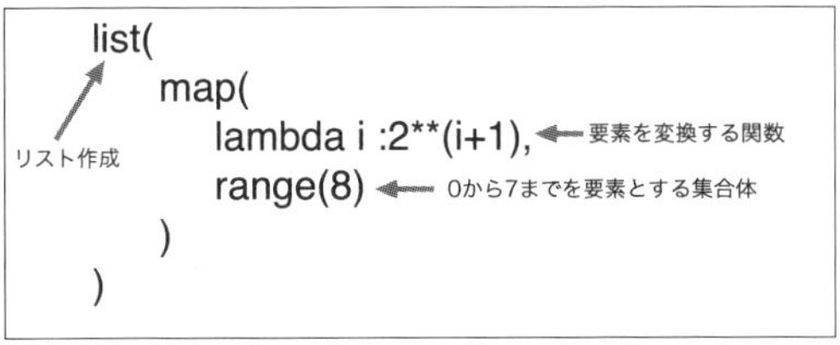

```
        list(
    ↗      map(
リスト作成         lambda i :2**(i+1),  ◀── 要素を変換する関数
               range(8) ◀── 0から7までを要素とする集合体
           )
       )
```

図2-5-3 「map関数」を用いたリストの作成
「ラムダ式」を利用

リスト2-5-15～リスト2-5-17のいずれの場合でも、リスト2-5-18で同じ結果が得られます。

リスト2-5-18 いずれにしろ「result」の値は？

```
print(result)
```

リスト2-5-18の実行結果

```
[2, 4, 8, 16, 32, 64, 128, 256]
```

● 比較条件を記述する

リスト中の「要素の並べ替え」や、「最大値、最小値の抽出」には、デフォルトの比較条件があります。

「数値」は言うまでもなく、「文字列」でも、アルファベットの「後のほう」が「初めのほう」よりも「大きい」と見なされます。

＊

たとえば、リスト2-5-19を実行してみましょう。

リスト2-5-19 文字列のリストの「最大値」は？

```
names =['Bob', 'Arnold', 'David',
        'Christpher' ]
print (max(names))
```

リスト19の実行結果

```
David
```

リスト「names」の要素は、それぞれ「B,A,D,C」で始まっていますから、アルファベットのもっとも後にくる「D」で始まる「David」が、「最大」と見なされました。

一方、「文字数の長さが最大」の要素を求めるには、リスト20のようにします。

リスト2-5-20 「ラムダ式」で「文字列の長さ」を比較させる

```
print(max(names, key=lambda x:len(x)))
```

リスト2-5-20の実行結果

```
Christpher
```

ラムダ式使用上の注意

■ 面倒臭ければ使わない

● ラムダ式は「1行関数」

前述のとおり、「ラムダ式」は1行で書ききれる関数にのみ使えるもので、「if文」などの構文や宣言文などは使えません。

つまり、キーワードが変わった時点で、「ラムダ式」は終了したと見なされてしまいます。

● 無理に使わない

「lambdaと打つのが面倒」と思ったら、潔く「def」で関数を定義してしまえばいいのです。

「ラムダ式」を賢く使い、また他の人のコードから読み取っていけば、Pythonで関数をオブジェクトとして扱う考え方を習得できるでしょう。

2-6

Pythonビジネスソフト開発

「Python標準モジュール」だけで顧客名簿を作ってGUI表示

Pythonの「追加モジュール」は使わずに、「標準モジュール」の
「SQLite3」モジュールで顧客データベースを作って、「Tkinter」モ
ジュールでGUI表を表示します。

■大西　武

Python開発環境

Pythonの「IDE」(統合開発環境) では、無料の高機能エディタ「Visual
Studio Code」を使って開発します。

「Visual Studio Code」はMicrosoft製なので、安心して使えます。

■ Pythonのインストール

Pythonの公式サイトの「Windows Installer (64-bit)」ボタンから本体をダウ
ンロードしてインストールします。

必ず「Add Python 3.10 to PATH」のチェックを入れてください。

https://python.org/downloads/

Pythonは2021年10月現在、バージョン「3.10」が最新版です。

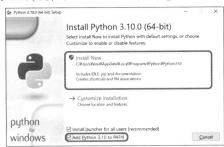

図2-6-1　Pythonのインストール

■ Visual Studio Codeのインストール

「Visual Studio Code」を公式サイトからダウンロードしてインストールします。

```
https://code.visualstudio.com/download
```

上のURLの「Windows Windows 7,8,10,11」ボタンをクリックします。

■ Python拡張機能

今のところ「Visual Studio Code」はデフォルトではPythonの開発環境が入っていません。

「拡張機能」で「Python」と入力して検索しインストールが必要です。

■ サンプルの実行

手　順　「pyファイル」の実行

[1]工学社の公式サイトから「サンプル・ファイル」をダウンロードして解凍します。

[2]「File（ファイル）」→「Open Folder（フォルダを開く）」メニューで、解凍したフォルダを指定します。

[3]「main02.py」を選択し、「Run（実行）」→「Start Debugging（デバッグの開始）」メニュー（または「▷」）で実行テストできます。

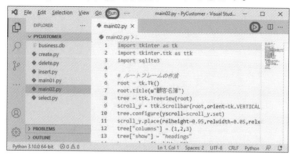

図2-6-2　「pyファイル」の実行

データベース

「データベース」とは、専用言語「SQL」文を使ってデータを読み書きするシステムのことです。

データが扱い易く、データ管理が非常に楽になります。

データベースを扱うには「SQLite3モジュール」を使います。

■「テーブル」と「カラム」の作成

データベースにSQL文で「テーブル」(TABLE)と「カラム」(列)を作ります。

テーブルとカラムは、たとえば次のようなExcelシートの表のようなものです。

表2-6-1 「テーブル」の「カラム」と行

id	name	address
1	第000工業	○○県○○市
2	第001工業	○○県○○市
3	第002工業	○○県○○市
4	第003工業	○○県○○市
5	第004工業	○○県○○市

＊

データベースファイルの「business.db」ファイルにテーブルを作るとき、すでに「clientテーブル」があると、リスト1のプログラムはエラーが出ます。

まずこのファイルを削除してから実行してください。

改良するなら、SQL文「DROP TABLE」でテーブルを削除するといいでしょう。

＊

次のプログラムを「create.py」ファイルに保存して、実行します。

リスト2-6-1　テーブルとカラムの作成プログラム

```python
import sqlite3 #①
import sys #②
import io #③

sys.stdout = io.TextIOWrapper(
sys.stdout.buffer,encoding='utf-8') #④
con = sqlite3.connect(
'business.db') #⑤
cur = con.cursor() #⑥
sql = '''CREATE TABLE client(
id INTEGER PRIMARY KEY AUTOINCREMENT,
  name TEXT,address TEXT)''' #⑦
cur.execute(sql) #⑧
con.commit() #⑨
cur.close() #⑩
con.close() #⑪
```

①～③モジュールのインポート
④日本語が使えるように
⑤データベースファイル「business.db」に接続
⑥データベースを処理するためのカーソルを取得
⑦「CREATE TABLE」で「clientテーブル」を作成。
　idカラム（主キー）、nameカラム（顧客名）、addressカラム（顧客の住所）
を作成
⑧SQL文（⑦）を実行
⑨データベースの変更を保存
⑩カーソルを閉じる
⑪接続を閉じる

■ テーブルに行を追加

SQL文「INSERT INTO」でテーブルの「name カラム」や「address カラム」に値を入れて、1行ずつ追加します。

リスト2-6-2のsql変数(⑧)の「?」のところにdata変数(⑪)の値が代入されます。左の「?」から順にdata変数のタプルの左から順に対応します。

*

次のプログラムを「insert.py」ファイルに保存して、実行します。

リスト2-6-2　テーブルに行追加プログラム

```
（前略）
for i in range(50): #⑦
  sql = '''INSERT INTO client(
name,address) VALUES (?,?)''' #⑧
  name = '第'+str(i).zfill(3)+'工業' #⑨
  address = "○○県○○市○○町"+str(
i%100).zfill(3) #⑩
  data = (name,address) #⑪
  cur.execute(sql,data) #⑫
con.commit() #⑬
cur.close()
con.close()
```

⑦0～50未満まで繰り返し
⑧「client テーブル」の「name カラム」と「address カラム」に、「VALUES」の2つの値を代入するSQL文
⑨顧客名として「第○○○工業」を、
⑩顧客の住所として「○○県○○市○○町○○○」を、
⑪データ変数としてdata カラムを、
⑫SQL文(⑧)とSQL文に渡すデータ(⑪)を実行し、「client テーブル」に1行追加
⑬データベースの変更を適用

⑨で任意の名前に書き換えたり、⑩で任意の住所に書き換えたりして、好きな値の行をデータベースに追加できます。

■ テーブルの行を表示

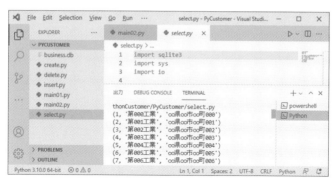

図2-6-3　ターミナルにテーブル行を表示

　テーブルに追加した行のデータを、SQL文「SELECT」で1行ずつ取得して表示します。

　今回はデータベースの内容は変更しないので、「con.commit()」のコードは書きません。

*

　次のプログラムを「select.py」ファイルに保存して、実行します。

リスト2-6-3　テーブルの行表示プログラム

```
(前略)
sql = 'SELECT * FROM client' #⑦
for row in cur.execute(sql): #⑧
  print(row) #⑨
cur.close()
con.close()
```

⑦「clientテーブル」のすべてのカラムの値を取得するSQL文
⑧SQL文(⑦)を実行し、「forループ」で「「clientテーブル」の1行ずつを取得
⑨1行ずつ「print関数」で表示

■ 行削除

SQL文「WHERE」で指定した「id番号」の行を、SQL文「DELETE FROM」で削除します。

今度はデータベースに変更があるので「con.commit()」を書きます。

*

次のプログラムを「delete.py」ファイルに保存して、実行します。

リスト2-6-4　テーブルの行削除プログラム

```
（前略）
sql='DELETE FROM client WHERE id=?' #⑦
data = (50,) #⑧
cur.execute(sql,data) #⑨
con.commit() #⑩
cur.close()
con.close()
```

⑦「clientテーブル」のid番の行を削除するSQL文
⑧データ変数にid番号50番を指定
⑨SQL文（⑦）とSQL文に渡すデータ（⑧）を実行
⑩データベースの変更を適用

ツリービューUI

今度はデータベースの顧客データを「GUI」の「ツリービュー」に表示します。

「GUI」とは、「グラフィカル・ユーザー・インターフェイス」の略で、パソコンを操作する際に、マウスなどで視覚的に操作できるインターフェイスのことです。
GUI設計には「Tkinterモジュール」を使います。

■空のツリービュー

まだ何も値を入れていない「Treeviewクラス」の表を、「GUI」で表示します。

「スクロール・バー」はデフォルトでは出てこないので、明示的にプログラムを書く必要があります。

図2-6-4 空のツリービュー

＊

次のプログラムを「main01.py」ファイルに保存して、実行します。

リスト2-6-5 ツリービュー作成プログラム

```
import tkinter as tk #①
import tkinter.ttk as ttk #②
import sqlite3 #③

root = tk.Tk() #④
root.title(u"顧客名簿") #⑤
tree = ttk.Treeview(root) #⑥
scroll_y = ttk.Scrollbar(
root,orient=tk.VERTICAL,
command=tree.yview) #⑦
tree.configure(
yscroll=scroll_y.set) #⑧
scroll_y.place(
relheight=0.95,relwidth=0.05,
relx=0.95,rely=0.0) #⑨
tree["columns"] = (1,2,3) #⑩
tree["show"] = "headings" #⑪
tree.column(1,width= 50) #⑫
tree.column(2,width=150) #⑬
tree.column(3,width=300) #⑭
tree.heading(1,text="ID番号") #⑮
tree.heading(2,text=" 名前 ") #⑯
tree.heading(3,text=" 住所 ") #⑰
tree.pack(fill='x',padx=50) #⑱
root.mainloop() #⑲
```

①〜③モジュールのインポート

④ルートフレームを作成

⑤ウィンドウのタイトルを「顧客名簿」に

⑥ツリービューのクラスのインスタンスを「tree変数」に代入

⑦〜⑨「スクロール・バー」の作成と配置

⑩ツリービューの見出しカラムを(1,2,3)タプルの3つに

⑪「ツリービュー」のヘッダーを表示

⑫〜⑭1〜3のカラムの幅をセット

⑮〜⑰1〜3のヘッダーの名前をセット

⑱「ツリービュー」を配置

⑲ルートフレームのメインループ

■「ツリービュー」にデータを追加

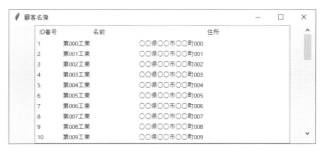

図2-6-5 「ツリービュー」にID番号と名前と住所を追加

　先ほどのデータベース、「business.db」ファイルの「idカラム」「nameカラム」「addressカラム」の顧客データを読み込んで、「ツリービュー」に1行ずつ渡します。

＊

　次のプログラムを「main02.py」ファイルに保存して、実行します。

リスト2-6-6 「ツリービュー」にデータ追加したプログラム

```
(前略)
def select(tv): #⑲
  tv.delete(*tree.get_children()) #⑳
  con = sqlite3.connect(
'business.db') #㉑
  cur = con.cursor() #㉒
  sql = 'SELECT * FROM client' #㉓
  for row in cur.execute(sql): #㉔
    tv.insert("","end",values=row) #㉕
  cur.close() #㉖
  con.close() #㉗

select(tree) #㉘
root.mainloop()
```

⑲データベースから取得した行を「ツリービュー」に追加する関数
⑳「ツリービュー」を空に
㉑データベース「business.db」ファイルに接続
㉒接続したデータベースを処理するカーソルを「cur変数」に
㉓「clientテーブル」からすべてのカラムを取得するSQL文
㉔SQL文（㉓）を実行し、1行ずつ「rowリスト」を取得
㉕「rowリスト」（idのrow[0]、nameのrow[1]、addressのrow[2]）をツリービューに追加
㉖カーソルを閉じる
㉗データベースの接続を閉じる
㉘select関数（⑲）を呼び出す

*

　これでPythonを使った簡単なビジネスソフトである「顧客名簿」は、完成です。
　今回は、「insert.pyファイル」を使わないとデータベースのテーブルに行を追加できませんでした。
　「Tkinterモジュール」でテキストを入力して、追加ボタンで名前や住所をデータベースに登録できるようにしたら、便利でしょう。
　また、今のところ、データベースには「id」と「name」と「address」しか「カラム」がないので、たとえば郵便番号や電話番号などの「カラム」を「ALTER TABLE client ADD COLUMN」で追加してもいいでしょう。

第3章

「Webサイト」や「ドキュメント」の作り方

本章では、Webサイト構築に必要な基礎知識と、実際にWebページを作るときに必要な、「HTML」「CSS」「JavaScript」の使い方を解説しています。また、「HTML」をはじめとするマークアップ言語を構成する、「マークアップ」「マークダウン」の知識や活用にも触れています。

「Webサイト」を作成しよう

HTML、CSS、JavaScriptを使う

「Python」(パイソン)は、小さな「ツール」から「電子工作の制御」、「ビジネス・アプリケーション」まで、さまざまなプログラムが作れる、幅広い言語です。

■なんやら商会

「Webサイト」の仕組み

Web黎明期、自らの趣味や情報を発信したい人は、目的を達成するため、個人でWebサイト構築に取り組んでいました。

しかしながら、時代が進み、Webサイトも進化。情報発信を目的とするのであれば、「Twitter」や「Instagram」を始めとしたSNSや、「Youtube」、「ニコ動」など動画投稿サイトなど、さまざまな種類のサービスが充実してきたので、個人でWebサイトを運用するという機会も少なくなったと思います。

そんな中でも、このようなWebサイトはどのように構築されているのか、という興味がある方に、本章ではWebサイトを構築する上で必要な、「環境構築」「開発言語」の基本について解説していきます。

■Webサイト概要

情報提供を担う者は、インターネットにWebサーバを公開し、一般利用者はWebブラウザを介してウェブサーバにある情報を閲覧します。

システム概要と構成を、図3-1-1で説明します。

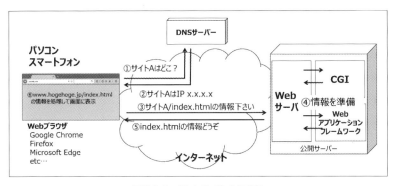

図3-1-1　Webサイトの仕組み

■Webブラウザ

パソコンやスマートフォン等を利用してWebサーバに接続するためのソフトウェアで、Webページを表示したり、ハイパーリンクをたどったりするなどの機能があります。

最近主に使われているものは、

・Google Chrome
・Microsoft Edge(Windows標準)
・Firefox
・Safari (Apple製品標準)

などです。

■DNSサーバ

ネットワークにおいて、「Domain Name System」(DNS)の「名前解決」機能が実装されたサーバです。

一般利用者はWebサイトを利用する際、WebブラウザにURL(例、www.yahoo.co.jp)を入力すると、ネットワークを通じて、DNSサーバにアクセスし、目的のサーバのネットワーク上の住所に当たる「IPアドレス」を取得します。

また、Webサイトを実際にインターネットに公開しようするとき、オリジ

ナルドメイン(《例》www.nanyara.com ※左のURLは存在しません)を使いたい場合は、「ドメイン名」をレンタルサーバ会社かドメイン専門会社で取得し、レンタルもしくは、自前で運用するDNSサーバに登録することにより、オリジナルドメインで「Webサイト」を公開できます。

■Webサーバ

利用者のWebブラウザからURLにて指示された情報を、HTTP(近年はHTTPS)に則り、HTMLやオブジェクト(画像など)の表示を提供するサービスプログラムおよび、そのサービスが動作するサーバコンピュータです。

一般的に、Webサイトを構築しようとする場合、以下のケースで運用されます。

●レンタルサーバ(共用)
複数のユーザーが、1台のサーバを共有して利用するサービスです。
ユーザーが任意で設定を変更できないなど、利用制限が多いですが、比較的安価で、サーバに関する知識がなくても簡単に利用できます。

個人のホームページや情報量が少ない小規模な企業サイトを公開する場合などに向いています。

●レンタルサーバ(専用)
単一のユーザーが1台のサーバ(最近は仮想サーバで構築するのが主流)を占有し、CPUやメモリなどを自由に使えるサーバのことです。

サーバのOSや設定、インストールソフトなどの使用に制限がなく、自由度が高いですが、比較的高価でかつメンテナンスやサーバ構築などの技術が必要になるため、ある程度の技術力が必要になります。

●自分でサーバを構築する
Webサーバを運用するためのサーバ(パソコンでもできなくない。)を、自前で用意します。

サーバのOSや設定、インストールソフトなどの使用に制限がなく、自由度が高く、テスト的に使うのには一番ですが、実際に運用しようとすると、通信回線の準備(「固定IPアドレス」を別途契約したり)とか、サーバ以外のコストも必要になり、技術力や、障害対策などの運用も必要になります。

■CGI(Common Gateway Interface)

「CGI」は、クライアント側のWebブラウザの要求に応じて、Webサーバが外部プログラムを呼び出して、その実行結果がHTTPを介してクライアントのWebブラウザに送信される仕組みです。

開発言語としては、「PHP」、「Perl」が使われることが多く、掲示板や、問い合わせフォームなどの、小規模なアプリケーションの構築で利用されています。

■Webアプリケーションフレームワーク

動的なWebサイト、Webアプリケーション、Webサービスの開発をサポートするために設計された、フレームワークです。

大規模なシステムを開発することにも対応できるように、データベースのアクセスや、ユーザー認証の仕組みを標準でサポートした仕組みで、例を挙げると、開発言語がJavaであれば、「Jakarta EE」、Rubyであれば「Ruby on Rails」、Microsoftであれば「ASP.NET」などがあります。

■その他・補足

Webサイトの動作形態は、表3-1-1のように、2つに分類することもできます。

前者でもJavaScriptから外部Webサービスを呼び出し、結果をインタラクティブに表示することができます。

表3-1-1　Webサイトの動作形態

クライアントサイド	一般的なWebサイト。HTML、CSS、JavaScriptをブラウザで読込み、ブラウザ上で実行する。
サーバーサイド	ブラウザ画面で入力した結果をサーバで処理し、結果を返す。CGIや、Webアプリケーションフレームワーク。

「Webサイト」の作成に必要な言語

　Webサイトにコンテンツを公開するためには、Webサーバに下記のようなWebページファイルやコンテンツを格納し、アクセスしてきたユーザーに情報を提供します。

＊

　まずは、「HTML」「CSS」「JavaScript」が、どんな役割をもつか説明します。

表3-1-2　Webサーバに置くファイル

HTML	ページの構成を決め、静的コンテンツを表示する。
CSS	HTMLで表示される文字やサイズを決める。 サイトで1つ作り、デザインを統一させる。
JavaScript	各種情報によって表示を変えたり、表示に動き与える。

■HTML(エイチティーエムエル)

　「HTML」は、「Hyper Text Markup Language」(ハイパーテキスト・マークアップ・ランゲージ)の略で、ハイパーテキストを記述するためのマークアップ言語の1つ。

　Webページを表現するために用いられ、ハイパーリンクや画像などの「マルチメディアを埋め込むハイパーテキスト」としての機能、見出しや段落といった「ドキュメントの抽象構造」、フォントや文字色を決める「見た目の指定」といった機能があり、コンテンツを表示させる基本技術です。

＊

　近年バージョンアップされたHTML5が、多くのブラウザで採用されたことにより、ブラウザの互換性が改善されました。

　最新は、「Apple」「Mozilla」「Opera」の3社によって設立されたWHATWGによって策定されている、「HTML Living Standard」が有効な後継規格として

案内されました。

■CSS(カスケーディング・スタイル・シート)

「CSS」は、「HTML」や「XML」の要素をどのように修飾(表示)するかを指示する仕様の1つです。

文書の「構造」と「体裁」を分離させるという理念を実現するために提唱され、HTMLで表現可能と考えられるデザインの大部分を実現できる要素を取り入れつつ、新たなデザイン機能を備えます。

「CSS」は、World Wide Web Consortium (W3C) がとりまとめ標準化されています。

■JavaScript(ジャバスクリプト)

「JavaScript」は、ウェブブラウザ「Netscape Navigator」に起源をもち、さまざまな用途に利用されるプログラミング言語で、特にWebページ(HTMLに埋め込んで使う)で使うことが多いです。

「JavaScript」により、Webブラウザでさまざまなことができるようになりましたが、コードが複雑になり、開発が難しくなりました。

そこで、さまざまなライブラリが開発され、利用されるようになりました。

■jQuery(ジェイクエリー)

Webブラウザ用の「JavaScript」コードをより容易に記述できるように設計された「JavaScriptライブラリ」で、ジョン・レシグが、2006年1月に開催されたBarCamp NYCでリリース。

さまざまな場面で活用されており、「JavaScriptライブラリ」のデファクトスタンダードとなっています。

「jQuery」は、単一の「JavaScriptファイル」として存在し、サイトから自身

のWebサイトにダウンロードして使用するほか、公式サイトの配信リンクから、直接読み込んで使用することも推奨されています。

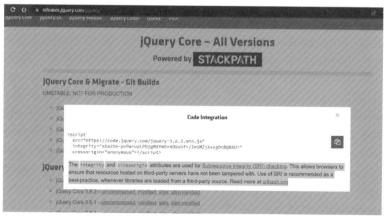

図3-1-2 jQueryの公式サイト(https://releases.jquery.com/jquery/)
ライブラリを利用するとき、HTMLソースに埋め込むコードが取得できる。

「Webサイト」作成に必要な開発環境

「Webサイト」や「コンテンツ」を作るための開発環境は、高価なソフトを購入しなくても、「テキストエディタ」と「ブラウザ」があれば準備ができます。

■テキストエディタ

大規模な「Webサイト」の構築でなければ、「テキストエディタ」でも充分開発できます。

「テキストエディタ」には多くの種類がありますが、Webプログラムの開発おいては、「Visual Studio Code」が最強だと思います。

「Visual Studio Code」は、HTMLをはじめとした主要な言語の入力支援、実行、デバッグ機能をもち、かつ無償で利用ができます。

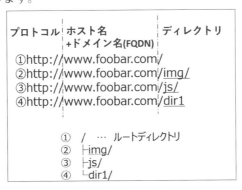

図3-1-3 「Visual Studio Code」でHTMLソースを表示

■インターネットブラウザ

「Google Chrome」「Firefox、Edge」いずれにも開発用のツールが内蔵されていて、「JavaScrpit」のデバッグなどに利用できます。

どれを使うかは個人の好みでいいと思いますが、ここでは「Microsoft Edge」を例にして、説明します。

開発に使うフォルダの設定

一般的なWebサイトの「構成」と「URL」との関係について説明します。

＊

Webサイトは階層構造になっており、図3-1-4のような関係をもっています。
一般的には、「画像」や「JavaScriptのソース」などを、異なるディレクトリに整理して保管します。

```
プロトコル ホスト名          ディレクトリ
          +ドメイン名(FQDN)
①http://www.foobar.com/
②http://www.foobar.com/img/
③http://www.foobar.com/js/
④http://www.foobar.com/dir1

          ①  /    … ルートディレクトリ
          ②  ├img/
          ③  ├js/
          ④  └dir1/
```

図3-1-4 URLとディレクトリの関係

開発環境を構築する場合も、上記を意識して、ドキュメントフォルダにルートフォルダ「Sample」を作成し、その下に各役割のフォルダを作成するとよいでしょう(図3-1-5)。

※フォルダ名は任意です。

図3-1-5　ドキュメントフォルダでの保管例

作成したフォルダを「Visual Studio Code」で開くと、以下のようになり、そこで開発ができます。

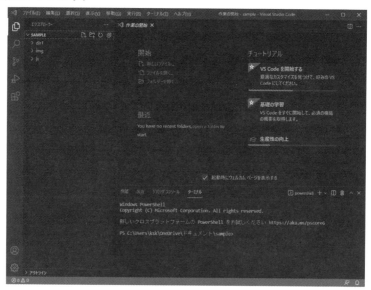

図3-1-6　「Visual Studio Code」で開いた例

「HTML」の作成

作成するフォルダを選択して、図3-1-7の○印で囲ったアイコンをクリックすると、ファイルを作成できます。

名前を決めるときに、拡張子を「.HTML」にすると、HTMLファイルが作成できます。

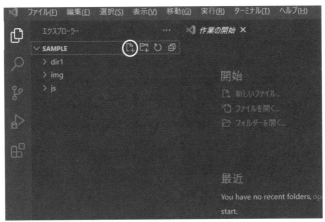

図3-1-7　作成ボタンをクリック

サンプルソースを書き込んだ例が、**図3-1-8**です。

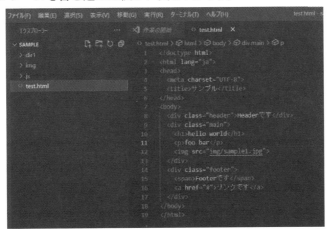

図3-1-8　サンプルソースを書き込んだ

125

リスト3-1-1　サンプルソース1

```html
<!doctype html>
<html lang="ja">
<head>
  <meta charset="UTF-8">
  <title>サンプル</title>
</head>
<body>
  <div class="header">Headerです</div>
  <div class="main">
    <h1>hello world</h1>
    <p>foo bar</p>
    <img src="img/sample1.jpg">
  </div>
  <div class="footer">
    <span>Footerです</span>
    <a href="#">リンクです</a>
  </div>
</body>
</html>
```

　ソースを書き終わったら、[F5]キーを押下すると、ブラウザが開き※、実行することができます。

※初回はどのブラウザで実行するか選択する画面が出ます。

図3-1-9　実行例　HTMLの書式で表示される

「CSS」の作成

HTMLファイルの作成と同様にファイルを作成します。名前を決めるときに拡張子を.cssにするとCSSファイルが作成できます。

まずは、先ほどのソースをCSSファイルが使えるように修正した例が以下です。

リスト3-1-2　CSSファイルの読込を追加(5行目)

```html
<!doctype html>
<html lang="ja">
<head>
  <meta charset="UTF-8">
  <title>サンプル</title>
  <link rel="stylesheet" href="./sytle.css">
</head>
<body>
  <div class="header">Headerです</div>
  <div class="main">
    <h1>hello world</h1>
    <p>foo bar</p>
    <img src="img/sample1.jpg">
  </div>
  <div class="footer">
    <span>Footerです</span>
    <a href="#">リンクです</a>
  </div>
</body>
</html>
```

「CSSファイル」を作成します。

本例では、HTMLの「class="***"」に対応した部分の、「文字サイズ」や「背景の色」、「位置」などを設定しています。

リスト3-1-3　CSSファイルのサンプルソース

```css
.header {
    position: fixed;
    top: 0;
    width: 90%;
```

```
  height: 50px;
  background-color: darkgrey;
}

.main {
  padding-top: 50px;
  overflow: auto;
}

.footer {
  position: fixed;
  bottom: 0;
  width: 90%;
  height: 80px;
  background-color: skyblue;
  font-size: 80px;;
}
```

先と同様、[F5]キーを押下すると、実行結果をブラウザで確認できます。

図3-1-10　CSSファイルの実行例
HTMLの書式に加えCSSで設定が反映される。

「JavaScript」の作成

HTMLファイルの作成と同様に、ファイルを作成します。

名前を決めるときに、拡張子を「.js」にすると、「JavaScript」ファイルが作成できます。

*

本例では、「jQuery」を使用して、「I/Oのバックナンバー画像をスライドしてHTMLページへ表示するプログラム」を埋め込みます。

リスト3-1-4　HTMLのサンプルソース(jquery-test1.html)

```
<!doctype html>
<html lang="ja">
    <head>
        <meta charset="UTF-8">
        <title>JQuery サンプル</title>
        <link rel="stylesheet" href="./jquery-test1.css">
    </head>
<body>
    <p>スライダーのサンプルです。</p>
    <hr>
    <div id="slider">
        <ul class="aviaslider" id="frontpage-slider">
            <li class="slider-image" id="slider1"><img
src="https://www.kohgakusha.co.jp/bookimages/4765b.jpg"
alt="slider1"></li>
            <li class="slider-image" id="slider2"><img
src="https://www.kohgakusha.co.jp/bookimages/4757b.jpg"
alt="slider2"></li>
            <li class="slider-image" id="slider3"><img
src="https://www.kohgakusha.co.jp/bookimages/4742b.jpg"
alt="slider3"></li>
            <li class="slider-image" id="slider4"><img
src="https://www.kohgakusha.co.jp/bookimages/4741b.jpg"
alt="slider4"></li>
            <li class="slider-image" id="slider5"><img
src="https://www.kohgakusha.co.jp/bookimages/4740b.jpg"
alt="slider5"></li>
        </ul>
        <span id="prev">▲</span>
```

```
    <span id="next">▲</span>
      </div>
      <ol class="flex-control-nav flex-control-paging">
          <li><a class="flex-active">1</a></li>
          <li><a>2</a></li>
          <li><a>3</a></li>
          <li><a>4</a></li>
          <li><a>5</a></li>
      </ol>
  </body>
  <script
      src="https://code.jquery.com/jquery-3.6.3.min.js"
      integrity="sha256-pvPw+upLPUjgMXY0G+8OOxUf+/
Im1MZjXxxgOcBQBXU="
      crossorigin="anonymous"></script>
  <script src="./js/jquery-test1.js" async></script>
</html>
```

リスト3-1-5　CSSのサンプルソース（jquery-test1.css）

```
html, body, div, span, applet, object, iframe, h1, h2, h3,
h4, h5, h6, p, blockquote, pre, a, abbr, acronym, address,
big, cite, code, del, dfn, em, img, ins, kbd, q, s, samp,
small, strike, b, sub, sup, tt, var, b, u, i, center, dl,
dt, dd, ol, ul, li, fieldset, form, label, legend, table,
caption, tbody, tfoot, thead, tr, th, td, article, aside,
canvas, details, embed, figure, figcaption, footer, header,
hgroup, menu, nav, output, ruby, section, summary, time,
mark, audio, video {
    margin: 0;
    padding: 0;
    border: 0;
    font: inherit;
    font-size: 100%;
    color:#FFF;
    vertical-align: baseline;
}
ol,ul{
  list-style:none;
}
html,body{
```

```
    background:#000;
}
div#slider {
    border: 5px solid #111;
    border-radius: 5px;
    position: relative;
    overflow: hidden;
    width: 300px;
    height: 300px;
  margin:20px auto 5px;
}
ul#frontpage-slider {
    width: 1000%;
}
li.slider-image {
    float: left;
    -webkit-transition: all .7s ease;
    transition: all .7s ease;
    width: 300px;
}
li.slider-image img{
    max-width: 100%;
    height: auto;
    vertical-align: middle;
    border: 0;
    -ms-interpolation-mode: bicubic;
}
.flex-control-paging{
    margin-bottom:10px;
    text-align:center;
}
.flex-control-paging li {
    display: inline;
    margin: 0 10px;
}
.flex-control-paging li a{
    display: inline-block;
    background: #ccc;
    height: 8px;
    width: 8px;
    text-indent: 200%;
```

```
    overflow: hidden;
    cursor: pointer;
    -moz-border-radius: 1px;
    -khtml-border-radius: 1px;
    -webkit-border-radius: 1px;
    border-radius: 50%;
}
.flex-control-paging li a:hover, .flex-control-paging li
a.flex-active {
    background: #0485EF;
}
span#prev,span#next {
    position: absolute;
    width: 40px;
    height: 40px;
    color: #fff;
    line-height: 60px;
    background: #000;
    text-align: center;
    top: 0;
    bottom: 0;
    display: block;
    margin: auto 0;
    border-radius: 50%;
    opacity: 0.3;
    -webkit-transition: all .3s ease;
    transition: all .3s ease;
    cursor:pointer;
}
span#prev{
    left: -20px;
    transform: rotate(-90deg);
}
span#next {
    right: -20px;
    transform: rotate(90deg);
}
span#prev:hover,span#next:hover {
    opacity: 0.8;
}
```

リスト3-1-6　jQueryを使ったJavaScriptのサンプルソース（jquery-test1.js）

```javascript
var size = 0;
var slideNum = 0;
var xwidth = $('div#slider').width();
var timerID;

$('.flex-control-nav.flex-control-paging li').on('click',
function(){
    var index = $('.flex-control-nav.flex-control-paging
li').index(this);
    $('.flex-control-nav.flex-control-paging').find('li
a').removeClass('flex-active');
    $(this).find('a').addClass('flex-active');

    var slideX = xwidth * index;
    var traStr = 'translate3d(-'+slideX+'px,0,0)'

    $('.slider-image').css({
        '-webkit-transform':traStr,
    });
});

$(function(){
    size = $('.flex-control-nav.flex-control-paging li').
length;
        setTimeout('slide()'); //スライド表示を実行
    });

function slide() {
    if(slideNum == size){slideNum=0;}
    var slideX = xwidth * slideNum;
    var traStr = 'translate3d(-'+slideX+'px,0,0)'
    $('.flex-control-nav.flex-control-paging').find('li
a').removeClass('flex-active');
    $('.flex-control-nav.flex-control-paging li a').
eq(slideNum).addClass('flex-active');

    $('.slider-image').css({
        '-webkit-transform':traStr,
```

```
    });
    slideNum++;
    timerID = setTimeout('slide()', 6000); //スライド間隔
}

$('#next').on('click',function(){
    window.clearTimeout(timerID);
    slide();
});

$('#prev').on('click',function(){
    window.clearTimeout(timerID);
    if(slideNum > 1){
        slideNum = slideNum - 2;
    }else{
        slideNum = size - 1;
    }
    slide();
});
```

先と同様、[F5]キーを押下すると、実行結果をブラウザで確認できます。

図3-1-11 実行結果 画像がスライド表示されます。

「Webサイト」構築のためのテスト環境

■テスト用Webサーバの準備

作成した各種コードを、実際にWebサーバに載せて、同じネットワークの他のパソコンやWi-Fi接続したスマートフォンで動作するための、「テストサーバ」の構築事例を説明します。

*

一般的なWebサイトでは、オープンソースの「Apache」や「nginx」をWebサーバとして使用していることが多いです。

Windowsパソコンを使っている場合は、「IIS」(インターネットインフォメーションサービス)を有効化するのが、いちばん手軽です。

*

参考に、「IIS」の有効化の手順を説明します。

| 手 順 | 「IIS」を有効化する |

[1] スタートボタンの設定から、「アプリ」、「Windowsのその他の機能」を選択する(図3-1-12)。

図3-1-12　Windowsアプリのその他の機能

[2]Windowsの機能ウィンドウが表示されたら、「インターネットインフォメーションサービス」にチェックをして、「OK」ボタンをクリックする(図3-1-13)。

図3-1-13　機能の有効化/無効化

[3] インストールが完了すると、「C: ドライブ」直下に「InetPub」フォルダが作成されます。

　さらに、その下の「wwwRoot」フォルダが、Webサイトのルートディレクトリとなります。

　そこへ、先ほど作成した「Sample」フォルダ直下のファイルやフォルダをコピーすると、準備完了です(図3-1-14)。

図3-1-14　「inetpub」フォルダが作られる

[4] 「IIS」をインストールした(動作している)パソコンの「IPアドレス」を調べ(コマンドプロンプトから「ipconfig」コマンドなどを使う)、パソコンやスマートフォンのブラウザで動作させてみます(図3-1-15)。

図3-1-15　パソコンのEdgeでの動作例
URLに「自分のパソコンのIPアドレス/test2.html」を入力

サーバサイドWebアプリケーション

　ここまで説明した、「HTML」「CSS」「JavaScript」は、基本的にWebサーバのコンテンツを作成するものでした。

　一方、サーバサイドのWebアプリケーションを構築すると、入力された内容を処理して、情報をデータベースに登録したり、メールを自動的に送信したりと、よりさまざまなことができるようになります。

＊

ここでは「PHP」を例に、簡単なサンプルを作り説明します。

■PHP(ピー・エイチ・ピー)

　「The PHP Group」によって、コミュニティベースで開発されているオープンソースの汎用プログラミング言語、およびその公式の処理系で、特にサーバサイドで動的なWebページを作成するための機能を多く備えており、多くのサイトで利用されています。

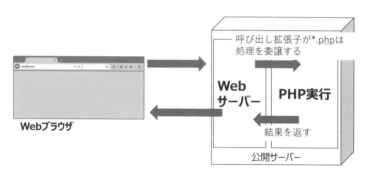

図3-1-16 「PHP」を「CGI」で使用する動作イメージ

下記サンプルは、Webサーバに入力したメールアドレスを、サーバ上のログファイルに追記する例です。

本ソースを動作させるためには、Webサーバに「PHP」を動作させるための設定が、別途必要になります。

リスト3-1-7　のサンプルソース (PHPtest1.html)

```html
<html>
<head>
  <meta charset="UTF-8">
  <title>PHPサンプルソース</title>
</head>
<body>
メールアドレスを入力してください。
<form action="emailwritelog.php" method="post">
  <table border="1">
    <tr>
      <td>メールアドレス</td>
      <td><input type="text" name="emailaddress"></td>
      <td colspan="2" align="center">
        <input type="submit" value="入力">
      </td>
    </tr>
  </table>
</form>
</body>
</html>
```

リスト3-1-8　phpのサンプルソース (emailwritelog.php)

```
<html>
<head><title>output.php</title></head>
<body>
<?php
    $emailaddress = $_POST['emailaddress'];
    print ("次のアドレスをファイルC:¥test.logに書き込みました。
<br />");
    print ("名前：$emailaddress<br />");

    $file = 'C:¥test.log';
    // ファイルをオープンして既存のコンテンツを取得します
    $current = file_get_contents($file);
    // 新しい入力をファイルに追加します
    $current .= $emailaddress;
    $current .= "¥n";
    // 結果をファイルに書き出します
    file_put_contents($file, $current);?>
</body>
</html>
```

図3-1-17　実行例 (PHPtest1.html)

図3-1-18　実行例 (emailwritelog.php)

■PHPをWebサーバで動作させる手順(IIS)

先に説明した「IIS」にて、PHPを動作させるための手順を説明します。

なお、Microsoftは、Windowsの「IIS」や「Azure App Service」などのクラウドサービスで、今後最新の「PHP」(8.0以降)をサポートしない方針を案内しています。

＊

ここでは、「PHP」の"勉強用"環境として、紹介します。

手 順 「IIS」へ「PHP」を設定する

[1] PHPのダウンロード(https://www.php.net/)
　ZIP形式で配布されているものを、適当なフォルダに解凍。ここでは、「C:¥inetpub¥php」に解凍した例。

[2] IIS - CGIの有効化
　スタートボタンの設定から、「アプリ」、「Windowsのその他の機能」を選択、下記を有効にする。

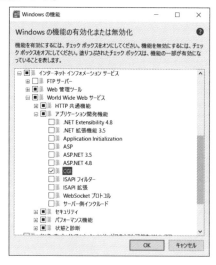

図3-1-19

[3] IIS で PHP を使えるように設定する

「スタート」→「Windows 管理ツール」→「インターネット インフォメーション(IIS) マネージャー」を起動。

「パンドラーマッピング」をダブルクリックし、モジュールマップの追加で下記を登録する。

図3-1-20

技術的好奇心を満たす面白いテーマ

今回解説した技術を活用して、さまざまなWebサイトが構築され、サービスを提供しています。

これらを構築するための技術を本格的に勉強するために、高価なソフトや機材は必要なく、オープンソースのソフトウェアをダウンロードしてインストールし、テキストエディタでソースを書くことにより、実際に試してみることができますし、情報はネット上に豊富にあります。

技術的な好奇心を満たす面白いテーマだと思います。

「マークアップ」と「マークダウン」

プログラミング言語とは役割が違う

Webページを構成する「HTML」は、もっとも基本的な「マークアップ言語」として広く知られています。

昨今、会議の議事録や社内ドキュメント、自分用メモなど、「マークダウン言語」が使われることが多くなってきました。

本稿では、両者の違いと、「マークダウン言語」の活用について解説していきます。

■なんやら商会

マークアップ言語

■「マークアップ言語」って何？

「マークアップ言語」とは、「視覚表現」や「文章構造」、「データ構造」などを記述するための「形式言語」です。

主に「テキストベース」で記述されますが、一部には「バイナリ形式」のものもあります。

●数式や組版に強い「TeX」(テフ)

アメリカのコンピュータ科学者、ドナルド・クヌース (Donald E. Knuth) 氏が開発したフリーの「組版システム」です。

「文字や図版などの要素を紙面に配置する」という作業をコンピュータで行なうために使われ、商業出版にも利用可能な強力な組版機能があります。

特に、ワープロソフトなど一般的な文書作成ソフトの多くが苦手とする、複雑な数式の記述に関する機能が充実しているため、科学技術系の論文や専門書の組版によく用いられます。

●Webページを表現する「HTML」

「HTML」(HyperText Markup Language)は、「ハイパーテキスト」を記述するための「マークアップ言語」の1つで、ウェブページを表現するために用いられます。

「ハイパーリンク」や画像などのマルチメディアを埋め込む「ハイパーテキスト」としての機能、見出しや段落といった「ドキュメントの抽象構造」、フォントや文字色などの「見た目の指定」、といった機能があり、Webコンテンツを表示させる基本技術です。

*

当初、「World Wide Web Consortium」(W3C)の専門委員会にて標準化を策定していました。

しかし、2021年1月28日以降は、「Apple」「Mozilla」「Opera」の3社によって設立された「WHATWG」によって策定された、「HTML Living Standard」が有効な後継規格として案内されました。

●構造化された文書やデータの共有が容易な「XML」

「XML」(eXtensible Markup Language)は、基本的な構文規則を共通とすることで、任意の用途向けの言語に拡張することを容易としたことが特徴の「マークアップ言語」の総称です。

*

異なる情報システムの間で、特にインターネットを介して、「構造化された文書」や「構造化されたデータ」の共有を、容易にするために活用されています。

「XML」を使うと、文書を構造化して記述でき、コンピュータのデータを直列化(シリアライズ)する用途で、「JavaScript Object Notation」(JSON)や「YAML」などに利用されています。

●「HTML」と「XML」の違い

「HTML」は、Webページを記述するための言語で、使うタグはあらかじめ定義されているのに対して、「XML」は、データ交換のための汎用のデータ形式で、ユーザーが新しくタグを定義して、データの意味や構造を記述することが可能です。

■ プログラミング言語とは役割が違う

プログラミング言語は、

・ユーザーが入力した数字をもとに、金額計算を行なう。

・ユーザーデータを企業サーバへ保存する。

・ログイン処理を行なう。

など、その場で読み込まれ、条件をもとに計算を行ない、結果を出力するような動的な場面で使われます。

これに対して「マークアップ言語」は、

・ブラウザが読み込み画面を表示。

・「JSON」で読み込まれ、その情報をプログラム処理される。

などの、文章の意味合いの分類、そして文章を構造化し、書かれた内容をそのままコンピュータが読み込むのがポイントです。

「マークアップ言語」の具体例（HTML）

「マークアップ言語」の代表例として、「HTML」の記述方法の一部を紹介します。

＊

インターネットが普及するきっかけとなった、「World Wide Web」（ワールド・ワイド・ウェブ、略名：WWW）の基本技術で、「テキストエディタ」が使えれば、誰でも作れますが、近年は専用の作成ツールと併用することが一般的です。

ここでは、「サンプルソース」と、そこで使われるタグを中心に解説します。

```
1   <?xml version="1.0" encoding="UTF-8"?>
2   <!DOCTYPE html PUBLIC "-//W3C//DTD XHTML 1.0 Transitional//EN"
3                         "http://www.w3.org/TR/xhtml1/DTD/xhtml1-transitional.dtd">
4   <html xmlns="http://www.w3.org/1999/xhtml" xml:lang="ja" lang="ja">
5   <head>
6   <meta http-equiv="Content-Type" content="text/html; charset=utf-8" />
7   <meta http-equiv="Content-Style-Type" content="text/css" />
8   <meta http-equiv="Content-Script-Type" content="text/javascript" />
9   <title>あなたのＨＰタイトル</title>
10  <meta name="keywords" content="ページのキーワードA,B,C" />
11  <meta name="description" content="ページの説明" />
12  <link rel="stylesheet" href="index.css" type="text/css" />
13  </head>
14  <body>
15  <div id="outer">
16  <div id="header"><div id="head-inner"><h1>タイトル</h1>
17  <p class="description">説明文</p></div>
18  </div>
19  <div id="contents">
20  <h2>記事ページ見出し・大</h2>
21  <p>見出し大・文章あれこれ</p>
22  <h3>記事ページ見出し・中</h3>
23  <p>見出し中・文章あれこれ</p>
24  <div style="text-align: center">
25  <img src="https://www.kohgakusha.co.jp/bookimages/4701l.jpg" width="25%"/>
26  </div>
27  <h4>記事ページ見出し・小</h4>
28  <p>見出し小・文章あれこれ</p>
29  <a href="https://www.kohgakusha.co.jp/">工学社へのリンク</a>
30  </div>
31  <div id="middle">
32  <div class="side-title">menu</div>
33  <div class="side">
34  <ul>
35  <li>箇条書き1</li>
36  <li>箇条書き2</li>
37  </ul>
38  </div>
39  </div>
40  <div id="footer">フッター</div>
41  </div></body>
42  </html>
```

図3-2-1　HTMLサンプルソース

図3-2-2　HTMLの「サンプルソース」の表示結果

■HTMLタグの解説

●記述方法

「タグ開始タグ(<xxx>)」「内容」「終了タグ(</xxx>)」の3つから構成され、それらをネスト(入れ子)上に記載していくルールとなっています。

表3-2-1　基本構造を表わす要素

タグ名	用　途
<html>	HTML文章であることを宣言している基点(ドキュメントルート)を定義する。
<head>	HTML文書自身に関する情報(例:タイトルやスタイルシートに関する情報など)を指定する。
<title>	ウェブブラウザに表示させるタイトルを記述する。
<meta>	ページを記述する文字コードや、コンテンツに関する著者や期限やキーワードといった、メタデータを記載する。
<body>	HTML文書の本体部分を指定する。

表3-2-2　段組み

タグ名	用　途
\<div\>	タグで囲った要素をグループ化する用途の要素。 グループ化することで指定した範囲の背景や文字色の変更など、スタイル(CSS)を指定できる。
\<h1\>～\<h6\>	文章の見出しを示す。 h1が最上位で、h6が最下位の見出しとなる。
\<ul\>、\<li\>	"ul"で順序なしリストを示し、"li"要素がリスト項目を示す。

表3-2-3　文章、画像

タグ名	用　途
\<p\>	文章中の段落を定義する。
\<img src="*"\>	文章中にイメージ画像を挿入する。
\<a href="*"\>	URLリンクを定義する。

「マークアップ言語」の問題点

「HTML」の普及当初は、文書作成はなんでもかんでも「HTML」にできるのでは、という流れがありました。

しかし、「HTML」が拡張されるにつれ、覚えるべきタグの種類が多かったり、記述方法を理解したりと、習得する上で大変な点が多くなりました。

また、WEBサイト(サービス)の中で、「書きやすくて読みやすいプレーンテキストを記述したい」などの、ニーズに合わせ、「**マークダウン言語**」と呼ばれるものが派生しました。

マークダウン言語

■「マークダウン言語」って何?

"書きやすくて読みやすい「プレーンテキスト」として記述した文書を、妥当な「XHTML」(もしくは「HTML」)文書へと変換できるフォーマット"として、ジョン・グルーバー(John Gruber)により2004年に考案されました。

「マークダウン言語」で記載された文章自体は「プレーンテキスト」で、テキス

トエディタでは、装飾は反映されません。

しかし、装飾がなくても理解ができるように、記法に工夫が施されています。

「マークダウン言語」の書き方

「マークダウン言語」は主に、文字を装飾するために用いられます。
ここでは主なタグについて説明します。

表3-2-4　主な要素

タグ名	書き方
見出し	# 見出し1 ## 見出し2 ### 見出し3
改行	改行したいところにスペースを2つ記載する。
リスト （ナンバリング）	1. xxx 1. yyy "1."を繰り返すと自動採番してくれる。
水平線	---
URLリンク	https://xxxx 普通にURLを記載
画像表示	![代替テキスト]（画像ファイル名 or URL）

■「VSCode」で簡単に作成

「マークダウン言語」を試すには、「Microsoft　Visual Studio Code」（以下「VS Code」）を使うのが、汎用的かつ簡単です。

導入の手順と、使い方を簡単に紹介します。

手　順　「VSCode」の導入

[1]「VSCode」を入手、インストールする。
※他の記事が多くあるので詳細は割愛

[2]メニューバーの"表示（V）"→"拡張機能"を表示。
　検索バーで"Markdown"と入力

[3]「Markdown All in One」をインストール。

図3-2-3　プラグインインストール画面

[4] インストール後、新規ファイルを作成し、“言語の選択”をクリック、検索バーで“Markdown”をクリックする。

図3-2-4　「Markdown文書」作成

＊

入力した結果は、以下のようになります。

プレビュー画面を横に表示し、結果を確認しながら作れます。
ファイル形式として、「.md」の拡張子で保存されます。

> ※「マークダウン記法」は「マークアップ言語」の1つですが、ここでは、「マークアップ言語」と対比させるために、便宜的に「マークダウン言語」と書いています。

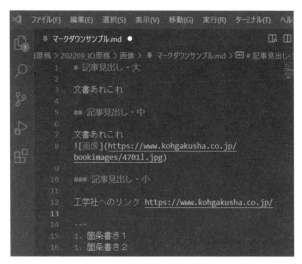

図3-2-5 「VSCode」のソース入力画面

プレビュー画面は、画面右上のアイコン(矢印)をクリック、もしくは[CTRL]＋[K][V]ボタンを押す

図3-2-6 「VSCode Markdown」プレビュー画面

「マークダウン言語」の活用事例

「マークダウン言語」が活用されているツールを、いくつか紹介します。

■Git Hub

オープンソースのプログラムの公開や、開発現場でのソースコードの管理で広く活用されている、著名な「ソース管理システム」です。

ここのトップ画面の説明文書などで「マークダウン言語」が使われています。

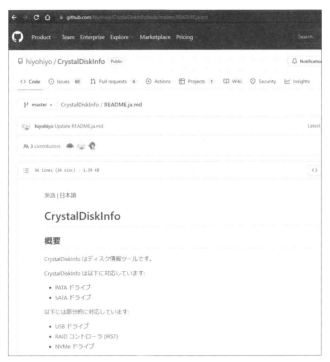

図3-2-7 「GitHub」での事例
著名なHDD/SSD監視ソフト「CrystalDiskInfo」の公開画面

■ Redmine

「Redmine」はオープンソースでWebベースの「プロジェクト管理ソフトウェア」です。

「課題管理」「ガントチャート」「リポジトリブラウザ」「Wiki」「フォーラム」など、プロジェクトの運営を支援するためのさまざまな機能を備えており、多くの開発の現場で活用されています。

「Redmine」の説明入力部分は、若干「Redmine」独特の方言はありますが、「マークダウン言語」が利用できるようになっています。

図3-2-8　Redmineの利用画面(https://my.redmine.jp/demo/)

図3-2-9　チケット(課題)の入力画面事例
「マークダウン言語」を使用

図3-2-10　チケット入力結果

＊

　「マークダウン言語」は、今のところはシステム開発の現場で活用されることが多いですが、今後、活用範囲が広がっていくと考えられます。

　うまく活用できると、分かりやすい文書を作ることができ、職場内でちょっと自慢できるのではないでしょうか。

関連図書

手早く使える「Webフレームワーク」

Pythonの「マイクロ・フレームワーク」「Flask」入門

■清水美樹　■B5判112頁　■本体2200円

　「Django」や「Bottle」などのPython系の「Webフレームワーク」の中でも、「Flask(フラスク)」は「機能性」と「簡単さ」をバランスよく併せもったフレームワーク。本書は、「Flask」のセットアップの仕方といった基本的な説明から始めて、実際にWebアプリを作りながら解説。

覚えておきたいプログラミングの「目的」「カタチ」「ルール」

プログラム言語の掟

■I/O編集部 編　■A5判・144頁　■本体2300円

　「C」「Java」「Python」など、「プログラミング言語」は数多く存在するが、それぞれの「特徴」や「適した目的」を覚えるのは大変。入門的な話から、「マルチパラダイム」や「マークダウン」など、記述における「カタチ」や「ルール」などの"掟"を解説。

「iPhone」「iPad」でカンタンプログラミング!

Pythonista3入門

■大西　武　■A5判160頁　■本体2300円

　「Pythonista3」はパソコン上ではなくiPhoneやiPad上で動作する「Python」をプログラミングしたり実行したりできる有料の「IDE」統合開発環境)。、iPhoneでも触りやすいように、5〜29行のシンプルなコードを中心に進める。

プログラミングの玉手箱

I/O BOOKS プログラマーの「考え方」を解説!

■大澤文孝　■A5判112頁　■本体2200円

　ベテランプログラマーである筆者が、「プログラムをはじめたばかりの人」が悩みがちな、「ゲームを作る際に、対戦相手のCPUはどのように組むべきか?」「エラーが起きたときに、何から見るべきか?」などについて、自分の経験や実例を元に「プログラマーの考え方」を解説。

Python 教科書

I/O BOOKS Pythonの基礎と応用(「ExcelのGUI操作の自動化」「Web処理」「画像処理」)

■田中成典 監修　■B5判256頁　■本体2600円

　「Python」は、研究機関でよく使われている言語で、業務の効率化にも活用されている。ブラックボックスの処理がライブラリ化され、それらを簡単に利用できる環境が整っていて、業務をサポートできるレベルのプログラムを素早く作ることが可能。本書は、Pythonのプログラミングの基礎的な知識を網羅。また、「ExcelのGUI操作の自動化」や「Web処理」「画像処理」などの応用事例も解説。

「鉄道模型シミュレーター NX」で学ぶPythonプログラミング

I/O BOOKS 仮想空間で鉄道模型を自動制御!

■角 卓　■A5判224頁　■本体2600円

　「鉄道模型」をバーチャル空間で自由にレイアウトし、眺めたり、運転したりできるシミュレーションソフト、「鉄道模型シミュレーター NX」(VRM-NX)。プログラミング言語「Python」を使うことで、「列車の速度制御」や「ポイント切り替え」など、さまざまな操作が可能。「タイマー」や「センサー」を組み合わせることで、列車の「運転」や「機回し」など、高度な自動運転を実現。

《執筆者》

1章 プログラミングのはじめ方
[1-1] 大澤文孝
[1-2] 新井克人
[1-3] ぼうきち
[1-4] ぼうきち

2章 定番！「Python」の使い方
[2-1] 大澤文孝
[2-2] 清水美樹
[2-3] 清水美樹
[2-4] ぼうきち
[2-5] 清水美樹
[2-6] 大西　武

3章 「Webサイト」や「ドキュメント」の作り方
[3-1] なんやら商会
[3-2] なんやら商会

本書の内容に関するご質問は、
① 返信用の切手を同封した手紙
② 往復はがき
③ FAX (03) 5269-6031
　（返信先の FAX 番号を明記してください）
④ E-mail　editors@kohgakusha.co.jp
のいずれかで、工学社編集部あてにお願いします。
なお、電話によるお問い合わせはご遠慮ください。

サポートページは下記にあります。

[工学社サイト]
http://www.kohgakusha.co.jp/

I/O BOOKS

挫折しないプログラミングのはじめ方
～初歩から学ぶPythonの基礎知識・実践とWebサイトの制作～

2023年3月25日　初版発行　ⒸImage2023

編　集　I/O 編集部
発行人　星　正明
発行所　株式会社 工学社
〒160-0004 東京都新宿区四谷 4-28-20 2F
電話　　（03）5269-2041（代）［営業］
　　　　（03）5269-6041（代）［編集］

※定価はカバーに表示してあります。

振替口座　00150-6-22510

印刷：(株)エーヴィスシステムズ

ISBN978-4-7775-2242-2